QIYE RONGZI

CONG SHANGYE JIHUASHU DAO SHANGSHIHOU GUANLI

企业融资

从商业计划书到上市后管理

吴 锐 程 征 黄浩涵 ◎著

CORPORATE FINANCING

中国铁道出版社有限公司

CHINA RAILWAY PUBLISHING HOUSE CO., LTD.

图书在版编目（CIP）数据

企业融资：从商业计划书到上市后管理/吴锐，程征，黄浩涵
著.—北京：中国铁道出版社有限公司，2020.6
ISBN 978-7-113-26712-4

Ⅰ.①企…　Ⅱ.①吴…　②程…　③黄…　Ⅲ.①企业融资
Ⅳ.①F275.1

中国版本图书馆CIP数据核字（2020）第042734号

书　　名：企业融资：从商业计划书到上市后管理
作　　者：吴　锐　程　征　黄浩涵

责任编辑：吕　芰　　　　　　读者热线：（010）63560056
责任印制：赵星辰　　　　　　封面设计：宿　萌

出版发行：中国铁道出版社有限公司（100054，北京市西城区右安门西街8号）
印　　刷：北京铭成印刷有限公司
版　　次：2020年6月第1版　2020年6月第1次印刷
开　　本：700 mm×1 000 mm　1/16　印张：13　字数：211千
书　　号：ISBN 978-7-113-26712-4
定　　价：59.00元

前 言
PREFACE

上市几乎是所有创业者的最终目标，但对于创业者来说，创业难、上市难、融资更难。国家工商总局调查数据显示，仅有半数的企业可以存活 8 年以上，很多刚刚诞生还没有来得及成长的企业都倒在了发展的路上。

因此，创业者从 0 开始创业时，融资（获得投资者的投资）是必须解决的事情。企业要想获得发展，就应该赶紧融资，提前做好准备，找到合适的投资者。

如果创业者能够说服投资者投资，那么企业的"存活"基本上就不成问题。虽然说起来简单，但实际上，融资的过程既复杂又艰难，不是那么容易就能成功的。

创业者在创办新企业，对未来怀有希冀的同时，也需要看到一个事实：无数中小企业因为融资失败而倒闭。为了能让企业顺利"存活"下来，创业者需要问自己："什么时候最应该融资？"

对此，阿里巴巴创始人马云先生曾说："你一定要在你很赚钱的时候去融资，在你不需要钱的时候去融资，要在阳光灿烂的日子修理屋顶，而不是等到需要钱的时候再去融资，否则你就麻烦了。所以，在你不需要钱的时候去融资，这就是融资的最佳时间。"

马云先生的话体现了融资的智慧，融资并不是一个简单的需要钱就找投资者的事情，而是一个长远的战略。在企业发展的过程中，必须提前规划融资战略，把握最佳融资时机。

当你确定了融资计划，准备着手融资时，如果能够学习融资必备的财务、税务、法务知识，并做好相应的流程准备（包括公司的内部审计财务、公司的税务管理、分析公司的法律架构、设置股权架构等），那融资风险会大大降低，融资之路会好走很多。

在企业团队建设和股权架构基本上健全后，很多创业者开始为寻找投资者发愁。但是，如果你知道不同的投资者有不同的圈子和不同的投资特点，就可以轻松找到你的"意中人"。

例如，可以报名参加创业孵化器路演，这将是一个不错的低成本接近投资者的机会。创业孵化器路演活动会邀请众多创业导师、投资者作为嘉宾，符合条件的创业者都可以报名参与。

找到了投资者，要想成功拿到他们的投资，就需要做好每一个环节。包括：撰写商业计划书、对公司进行估值、谈判和签订投资协议等，这里的每一个环节都非常复杂，稍不小心出了一点儿问题，就很可能直接导致融资失败。

本书为创业者讲述了天使投资、股权众筹、VC 投资、PE 投资、新三板、IPO 等多种经典的融资方式，还重点介绍了 IPO 规则、流程以及注意事项。此外，本书还介绍了新兴的融资方式——科创板，并在第一时间为创业者的融资策略提供了实用的操作讲解。

本书加入真实且具有代表性的大中小案例 100 多个，这些案例涵盖了 18 多个行业，涉及中国、美国、英国、韩国、日本等多个国家和地区，使得内容讲解既生动又有趣。

本书的案例不仅有最近发生的，也有过去发生的，对创业者有很大的借鉴意义。因此，本书非常适合刚刚接触融资的创业者以及管理者阅读，是新手寻找投资、获得资源支持的实战帮手。

编　者

| 目 录 |
CONTENTS

第1章

融资从 0 到 1 的两大
资本核心

创业者从 0 开始创业时，融资就是企业的生命线。创业者为了让自己的企业在全球化市场竞争中"存活"下来，并获得高成长的机会，首先需要对企业各成长阶段的资本需求和金融服务有清晰地认识和了解，制定科学合理的融资战略。

1.1　融资从 0 到 1 的资本诉求

对于企业来说，成长是融资、发展、再融资、再发展的一个循环过程。融资是企业的核心，没有资本的带动企业就无法运转，因而资本诉求是企业最迫切也最持久的诉求。

未上市的企业需要资本去拓宽市场形成规模；上市的企业需要资本去扩大生产促进发展。总之，对于企业来说，资本是多多益善，融资是一个刚性需求。

1.1.1　从 0 启动，寻找资本燃料

火箭在从地面发射到太空的过程中，每一个阶段都需要足够的燃料。同理，企业在成长过程中也需要从市场中拿到足够的资金来抵偿经营的成本或者支持未来发展的增长，如图 1-1 所示。

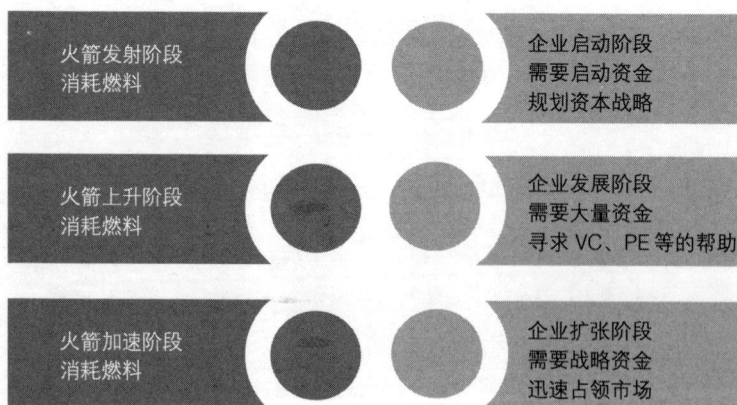

图 1-1　火箭分阶段消耗燃料的过程 VS 企业分阶段融资的过程

根据图 1-1 可知，在企业启动阶段，创业者应该提前规划资本战略，然后分阶段部署储备"燃料"，再通过一定的启动资金，如天使投资、股权众筹等启

动"发射"。

在企业发展阶段，通常需要大量资金，这时就应该寻求 VC、PE 等的帮助。除此以外，企业也可以通过新三板、创业板、中小板、主板以及新出现的科创板完成上市，从而获得足够的资金。

在企业扩张阶段，战略资金是最大的需求，这一需求一旦被满足，企业就拥有了打败竞争对手的能力，从而成功占领市场，并在获得优势地位的同时创造更高的价值。

企业所处阶段不同，消耗资金的速度一般也不同，"burn rate"代表了企业消耗资金的速度，也可称为"烧钱速度"，"烧钱速度"一般和发展速度成正比。

2019 年 5 月 17 日，瑞幸咖啡仅仅用了 17 个月的时间就成功在美国纳斯达克上市，而且还打破了中国企业从创立到上市的最快速度纪录，可谓是赚足了眼球。

瑞幸咖啡从 2018 年 1 月开始试运营，在获得超过 1.8 亿美元的内部天使轮融资以后，不断大幅度"烧钱"，仅仅两个月时间，相继在北京、上海等 13 个城市开设门店，补贴用户，快速切入竞争激烈的咖啡市场。

2018 年 7 月，瑞幸咖啡宣布完成 2 亿美元 A 轮融资，投后估值达 10 亿美元；同年 12 月，瑞幸咖啡又再次宣布完成 2 亿美元 B 轮融资，投后估值上涨到 22 亿美元。

在资金的充足供给下，瑞幸咖啡持续扩大规模，占领市场，在北京、上海、广州、西安、青岛等 21 个城市布局了 1 400 多家门店，很快就发展成国内第二大连锁咖啡品牌。

在瑞幸咖啡快速攻城略地的同时，其成果也十分显著：从 2018 年 3 月的 290 家门店到 2019 年 3 月的 2 000 多家门店，一年内实现了近 700% 的门店增长率，尤其是 2018 年第四季度，三个月内增加 800 多家店，相当于一天内近 9 家门店开张。与此同时，瑞幸咖啡的"burn rate"也越来越快。

2019 年 4 月，瑞幸咖啡获得投资机构贝莱德（BlackRock）的 B ＋轮融资 1.5 亿美元，投后估值达 29 亿美元。截止到上市之前，瑞幸咖啡获得的总融资金额达到近 10 亿美元。

2019 年 5 月 17 日，瑞幸咖啡正式进入融资上市阶段，股票发行价 17 美元，开盘报价 25 美元，大涨 47%，总市值 42.5 亿美元。

2019 年 5 月 29 日，瑞幸咖啡创始人、CEO 钱治亚女士表示："2021 年底，瑞幸咖啡要达到开店 10 000 家的目标。"这标志着瑞幸咖啡进入了非常关键的扩张阶段。

在咖啡市场竞争无比激烈的背景下，瑞幸咖啡自创立到上市短短 17 个月的时间内，借助各个阶段融资的助力，在中国 28 个城市"站稳了脚跟"，积累了上千万的用户。可见，瑞幸咖啡充足的"燃料"帮助其成为咖啡市场上快速上升的"火箭"。

1.1.2 始终以"活下去"为宗旨

并不是所有的创新都会有成果。事实上，企业在发展过程中的每一个阶段都会面临着失败的威胁。对此，华为创始人任正非先生不止一次强调：活下去，永远是硬道理。

滴滴从 2012 年成立以来，已经完成 20 次融资，金额总量超过 200 亿美元（根据天眼查数据得出），但在 2019 年 2 月的全员会上，滴滴 CEO 程维先生宣布将做好过冬准备，裁员比例占到整体员工的 15%，涉及 2 000 人左右。

企业在发展过程中会遇到竞争对手威胁、市场威胁、行业颠覆威胁甚至是意识形态威胁。

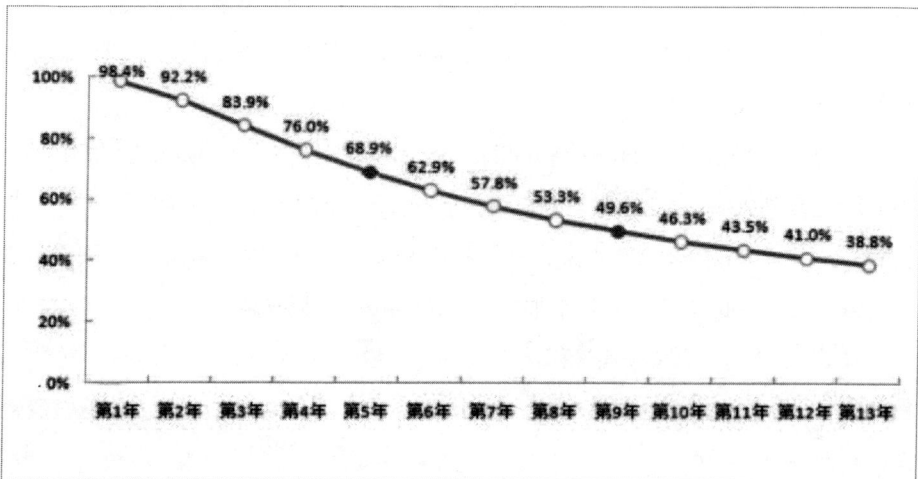

图 1-2 企业存活率曲线

图 1-2 为国家工商总局在《全国内资企业生存时间分析报告》中的企业存活率曲线，以 2000 年以来新设立的企业为研究对象，企业累计存活率呈逐年下降趋势。

数据显示：企业成立后第 5 年的累计存活率为 68.9%，已经退出市场的企业达到 31.1%；第 9 年企业的累计存活率为 49.6%，即仅有约半数的企业能存活 8 年以上。随着企业成立时间延长，累计存活率进一步降低，到第 13 年仅为 38.8%。

因此，企业若要生存下来并且取得成功，其中最重要的因素就是创业者需要对资本战略决策进行十分明确的选择和执行，以便进一步提升竞争力和市场影响力。

1.2　融资从 0 到 1 的资本战略

正如火箭要到达目标的过程中必须携带足以驱动它穿过各个阶段的燃料一样，企业在获得成功融资的过程中也需要提前思考和选择各个阶段的融资方式。对适合企业各个阶段的融资方式的选择就是企业的资本战略，也被称为融资战略。

1.2.1　不同阶段对应不同的融资战略

对于企业来说，资本不仅仅是活下去的重要基础，也是发展过程中各个阶段的生命线。

当创业者面临新的危机、经济低迷、预算赤字、竞争激烈等问题时，就需要资金的流入带来企业经营的持续增长。图 1-3 通过金字塔图表，清晰地展示出企业各阶段获取资金支持的方法。

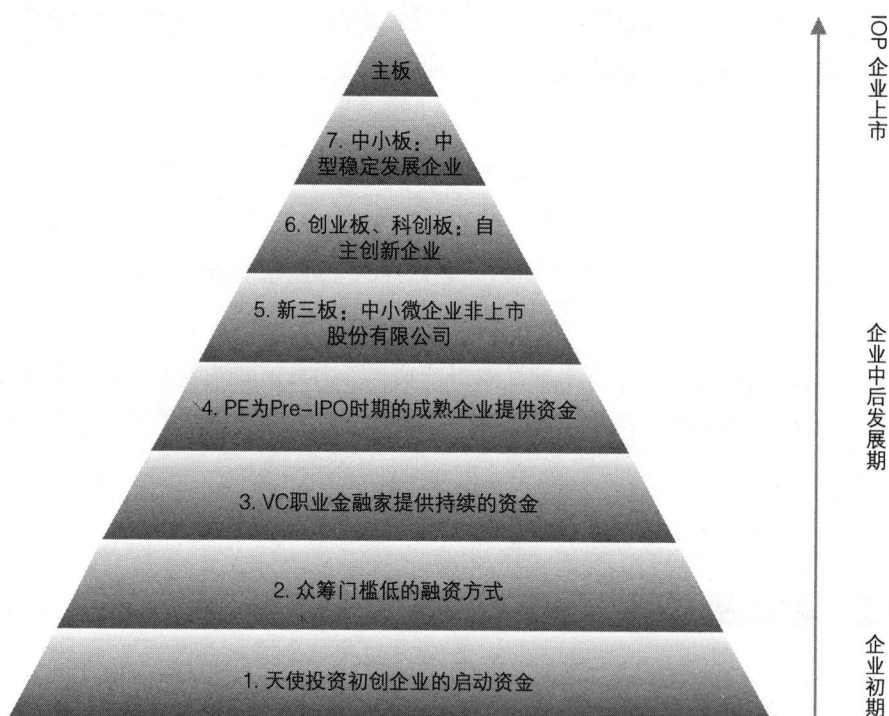

图1-3 企业各阶段获取资金支持的方法

图1-3可以帮助你对获取资金支持的方法有一个直观地了解。与此同时，你也可以将其作为选择融资战略的核心大纲，因为它能够帮助你根据现实需求来选择首先去阅读哪些内容。

（1）天使投资适合处于启动阶段的企业。本书6.1讲述在启动阶段，企业应该如何寻找天使投资者？如何"有的放矢"接触天使投资者？如何通过你的融资战略对资金和资源进行评估，最终选择适合你的天使投资者？

（2）如果你选择股权众筹，本书6.2将为你介绍这一方式的适宜结构、一般流程以及相关的注意事项。

（3）如果你的企业是中小型高新技术企业，那首要选择的融资方式就是VC，即风险投资。本书6.3帮助你寻找适合的VC，并在寻找到适合的VC后，告诉你如何让VC一眼看中项目。

（4）如果你的企业发展到中后期成熟阶段，可以根据实际需求选择PE投资。本书6.4帮助你了解PE投资的特征，并根据你的实际情况选择适合你的PE机构。

（5）新三板：本书第 11 章介绍了新三板，主要目的是解决中小企业融资难的问题。如果你需要门槛较低的融资平台，新三板是一个不错的选择，其交易机制和融资途径在第 11 章有详细讲解。

（6）科创板（第 12 章）是目前新兴的资本市场热点，本书第一时间为你解析与其相关的规则和制度亮点，并借助经典案例帮助你快速了解更深层次的内容。

（7）本书通过图表的方式直观地为你呈现主板、中小板、创业板、新三板、科创板等市场制度，并通过对比帮助你充分了解这些市场制度的差异。此外，本书第 13 章也为你讲解 IPO 上市的内容，如果你处于上市准备阶段，可以直接跳转到相应章节，先睹为快。

1.2.2　融资策略四大关键要素

作出融资策略选择的时候，对成本、机会、收益、风险四个关键要素（见图 1-4）进行平衡和取舍，这样你就更清楚自己的主张。

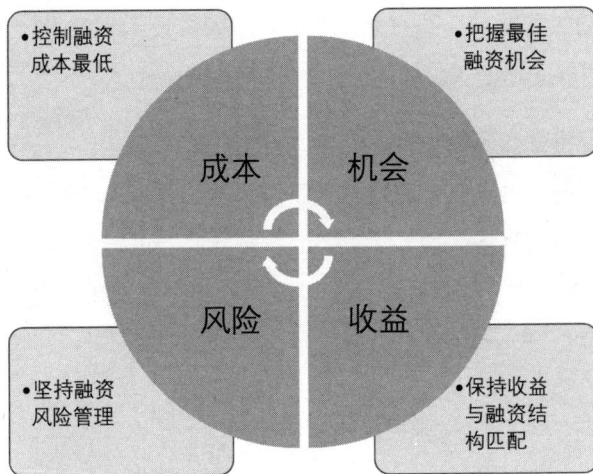

- 控制融资成本最低
- 把握最佳融资机会
- 坚持融资风险管理
- 保持收益与融资结构匹配

成本　机会

风险　收益

图 1-4　企业融资策略选择的四大关键要素

当你对所处发展阶段的融资战略确定后，下一步就是有策略地寻找适合你的"完美投资者"。

1. 机会：把握最佳融资机会

把握最佳融资机会的显著体现就是，在和投资者谈判的过程中，由于投资者会广泛撒网，有时会先将项目掌握在手里，然后再作决定。然而创业者的时间非常宝贵，一旦错过时机，项目就有可能"死"在自己手里。

因此，当创业者确定好所处阶段的融资战略以后，下一步就需要精准把握住最佳融资机会，根据书中第 8 章谈判技巧有策略地锁定你的"完美投资者"，占据主动地位，顺利拿到资金。

2. 成本：控制融资成本最低

成本在这里是一个广泛的概念，它不只是融资过程中耗费的经济成本，也是为了融资目标舍弃的权利等无形成本。比如本书第 7 章告诉我们，投资者最关注回报、权利和收益，我们为了融资成功，可以满足这些基础要求。但我们也需要根据自己企业的实际情况，将融资成本降到最低，尤其是需要注意保护创始人的控制权。

3. 收益：保持收益与融资结构匹配

当创业者发现有利的融资时机，应当果断为企业融资，一方面根据第 9 章选择适合自己的估值方式；另一方面结合第 5 章股权设置和第 10 章投资条款清单等知识，从交易层面需要考虑如何让企业获得最好的发展。

4. 风险：坚持融资风险管理

无论是融资前、融资时，还是融资后，都需要进行风险管理。融资前，根据对第 2 ~ 4 章所讲的财务、税务、法务的可能性风险进行规避；融资时，借助第 10 章的投资条款清单了解交割条件、对赌条款等潜在风险；融资后，需要警惕 13.3 中讲解的 IPO 红线等。

第 2 章
财务：如何把融资基础打扎实

　　财务是企业发展中必不可少的基础工作，也是企业在融资战略中必须重视的环节。对内，财务可以加强管理，帮助企业实现有效控制；对外，财务可以为潜在投资者提供所需的信息，促使投资者尽快作出合理决策。

2.1 财务审计准备

财务审计准备涉及检查银行的流水账和对账单、查看资产负债表和复核现金流量表等工作。企业通过财务审计，对自身的资金情况进行了解和掌握，对内有利于保证公司经营活动的顺利进行，实现企业经营管理目标；对外有利于公司在财务方面做好准备，达到投资者的要求。

2.1.1 你需要多少钱

创业者在寻找投资的时候，将不可避免地面临来自投资者的问题："你需要多少钱？"这个问题不容易回答，因为它涉及很多方面，具体如图 2-1 所示。

你需要多少钱	你需要**多少数量**的资金？（融资需求评估）
	为什么需要这些资金？（融资策略选择）
	你**什么时候**需要这些资金？（融资时机把控）

图 2-1 "你需要多少钱"的回答智慧

"你需要多少数量的资金"是你对自己企业的融资财务需求进行评估；"为什么需要这些资金"是你对融资策略的选择，以及对这个选择的解释；"你什么时候需要这些资金"是对融资时机的把握和判断，以及确定好资金到账的具体时间。

上述问题都和财务息息相关，由此可见财务对融资的重要性，所以我们必须提前做好财务准备，并将问题的答案加到商业计划书中。其实很多时候，创业者有理有据回答问题的能力是投资者决定开启融资谈判的重要因素。

2.1.2　检查对账单和流水账单

大家对银行流水应当并不陌生，因为银行里的每一个贷款产品，在申请材料里都有对银行流水的要求。对于企业来说，银行流水也非常重要，主要包括对账单与流水账单两种形式。

对账单是银行和企业核对财务的联系单，具有证实企业业务往来记录的作用。在融资过程中，对账单可以作为企业资金流动的依据，帮助投资者认定企业某一时段的资金规模。

流水账单俗称银行卡存取款交易对账单，也称银行账户交易对账单，指的是企业在一段时间内与银行发生的存取款业务交易清单，具有真实性和权威性。

从获取程序相比，对账单与流水账单有所不同。前者由银行直接提供给企业，然后由企业提供给审计人员，因此可能被企业改动。而后者一般是审计人员与企业财务人员一起到银行打印，可信度更高，毕竟银行和企业合谋的可能性很小。

检查流水账单有没有错误的方法很简单，即随意找一笔交易，打电话到银行，根据流水账单上的明细输入要查询的日期，如果与银行客服所报的内容吻合就没有问题，反之则是假的。

一般情况下，对账单与流水账单的内容是一样的，如果内容对不上，则对账单有作假嫌疑。不过，对账单最好还是结合流水账单、销售收入明细、成本费用明细以及上下游合同一起进行比较。

拿到企业的对账单以后，可以从以下几个方面进行分析，具体如图 2-2 所示。

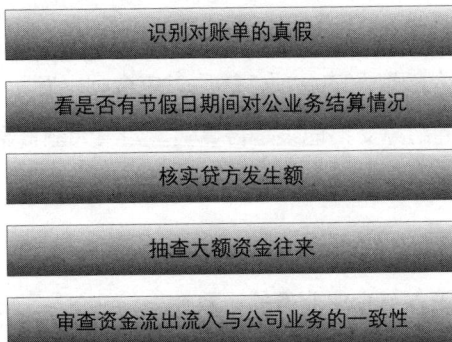

识别对账单的真假

看是否有节假日期间对公业务结算情况

核实贷方发生额

抽查大额资金往来

审查资金流出流入与公司业务的一致性

图 2-2　对账单分析

1. 识别对账单的真假

对账单与流水账单之间既有联系性，也有排斥性，如果两者的数字有差异，说明其中一个为假。下面详细介绍一下应该如何识别对账单的真假。

第一，看对账单、流水账单是否有与之相配的合同或者进出库票据以及其他辅助证明材料。

第二，看对账单贷方发生额与流水账单（包括员工、企业领导私人卡）数字上是否有来回走账的可能。

第三，贷方发生额越大并不表明企业的经营状况越好。很多企业为了避税选择走私人卡，因此需要调查与核实数据的准确性。

第四，银行为了让企业成功贷款会帮助企业找流水，这需要审计人员了解和沟通，此问题影响重大，但不容易被发现。

2. 看是否有节假日期间对公业务结算情况

银行在节假日一般不对外办理对公业务，如果这个时间段内企业发生对公业务结算情况，那对账单就有可能是假的。当然，特殊情况下除外，例如，交通银行面向企业推出"结算卡"产品，该产品提供 7×24 小时服务，实现包括现金存取等业务在内的全天候交易。

3. 核实贷方发生额

一般情况下，贷方发生额应当大于企业当期的销售收入，如果贷方发生额小于企业当期的销售收入，说明销售收入有造假嫌疑。但这也并不绝对，因为贷款会有收现金的可能。

4. 抽查大额资金往来

在对账单中找出大额资金的款项，然后对应合同、发票、收据、出库单等一起核实印证，看企业的结算交易记录是否真实。如果大额资金往来与合同，发票、收据及出库单对应一致，则交易的真实性较高。年前和年终几个月份是重点，要仔细抽查。

5. 审查资金流出流入与企业业务的一致性

如果企业的交易金额大多在几百万左右，但对账单金额在几十万或者几千万徘徊，那就需要注意。除此以外，流水总额超过销售额也不保证销售收入就一定是真的，企业有可能利用几个账户来回倒，所以需要注意借贷方是否正常。

现在，很多企业都会使用私人卡，对于这一现象，审计人员需要进行鉴别，不能企业随便拿过来几张卡的流水就属于企业。另外，很多不规范的企业为了逃税，大部分收入都是走个人账户，审计人员审查时需要了解清楚企业的实际情况。

2.1.3 分析资产负债表

资产负债表由企业的资产、负债和所有者权益情况三大部分组成，其基本结构是"资产 = 负债 + 所有者权益"。资产反映的是企业拥有的资源；负债 + 所有者权益反映的是企业内部不同权利人对企业资源的要求。

一般来说，债权人享有企业全部资源的要求权，企业以全部资源对不同债权人承担偿付责任。负债偿清之后，余下的才是所有者权益，即企业的净资产。

通过资产负债表，财务人员根据这三大部分来评估企业的财务结构、变现能力、资金营运以及长、短期债务数量与偿债能力，并对企业的经营绩效作出评价。在分析资产负债表时，需要对资产要素进行分析，如图 2-3 所示。

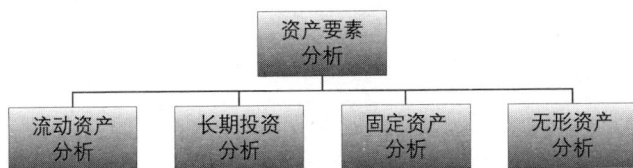

图 2-3　资产要素分析

1. 流动资产分析

流动资产是指企业在一定时间内（通常为一年或者超过一年的一个营业周期）变现或者运用的资产。流动资产分析包括企业的现金、存货、存款、短期投资和应收应付款项等。

流动资产是企业在周转过渡中的重要组成部分，它会先从货币的形态开始转变，并且会在这一过程中逐渐改变自身的形态。通常情况下，流动资产的形态可以分为货币资金、储备资金、固定资金、生产资金和成品资金等。

2019 年 2 月，某企业对其合并资产负债表进行分析，绘制了资产结构分析表、资产与负债匹配结构表，如表 2-1 和表 2-2 所示。

表 2-1　资产结构分析表

	金额（元）	比例
流动资产合计	71 306.00	79.61%
非流动资产合计	18 265.00	20.39%
资产总计	89 571.00	100.00%

从表 2-1 中大家可以看到，企业的流动资产合计占资产总计的 79.61%；非流动资产合计占资产总计的 20.39%，所以流动资产的比重较高，非流动资产的比重较低。

流动资产的比重过高会占用大量资金，降低资产周转率，从而影响企业的资源利用效率；非流动资产比例过低会影响企业的获利能力，从而影响企业未来的发展。

表 2-2　资产与负债匹配结构表

流动资产	临时性占用流动资产	流动负债
	永久性占用流动资产	非流动负债
非流动资产	所有者权益	

表 2-2 是企业的资产与负债匹配结构表，通过这个表可以发现，该企业资产与负债匹配的方式是稳健型，其特点是，企业的长期资产需要依靠长期资金解决，短期资产则需要长期资金和短期资金共同解决。

对流动资产业务进行审计，能够帮助企业在融资过程中确定其流动资产业务的有效性和合法性，找出存在的一些弊端，充分提高流动资产的使用效率，不断提升经济效益。

2. 长期投资分析

企业的长期投资期限越长、投资的金额越大，给企业的财务状况带来的影响也就越大。因此，在对企业资产负债表进行分析时，应该充分重视长期投资。长期投资分析有三个方面，即结构分析、效益分析以及质量分析。

从结构上分析企业的投资对象、查看企业的投资规模以及分析企业的持股比例等；从效益上分析被投资的单位情况、投资收益的真实性以及投资收益是否有逃避所得税行为；从质量角度上对投资对象进行市价分析、经营分析以及财务报表分析等。

在这一过程中，企业需要选择长期投资的最佳方法，为企业融资奠定基础。

3. 固定资产分析

固定资产分析是指对企业的实物形态资产进行分析，具体步骤如图2-4所示。

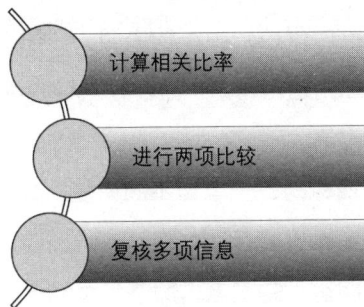

图 2-4　固定资产分析的方法

（1）计算相关比率：固定资产原值／全年产量、减少累计折扣额／固定资产总成本、企业本期计提折旧额／固定资产总成本；

（2）进行两项比较：一方面要比较本期各月之间、本期与以前各期之间的修理及维护费用；另一方面要比较本期与以前各期的固定资产增加和减少情况。

通过上述两个方面的比较，找出企业在收益性支出和资本性支出在区分上的失误，以便对企业的生产经营趋势进行分析，从而判断其变化发生的原因是否合理。

（3）复核多项信息：企业的现金流量表、生产能力、在建工程等相关信息，在进行复核时，一般会进行交叉复核，借此来对固定资产相关金额的合理性和准确性进行检查和核实。

4. 无形资产分析

现代企业在判断自身竞争力强弱时，不仅需要考察有形资产的多少，还必须特别注重品牌、文化、人力资本、技术创新等无形资产的实际情况。

以无形资产中的品牌为例，企业的品牌在其自身发展中发挥着重要作用，一个好的品牌可以成就一家企业，一次品牌的蒙羞也可以让一家企业瞬间倒闭，这就是品牌的魅力。

可口可乐的前任总裁道格拉斯·达夫特曾说过这样一段话："如果可口可乐全球的工厂被一把火烧掉，只要给我留下"可口可乐"四个字，一夜之间我仍然可以再造可口可乐。"他之所以敢这么说，是因为他对"可口可乐"品牌拥有强大的自信。

2019年4月30日，广州医药集团有限公司将王老吉系列420项商标专用权以13.89亿元的价格转让给广州白云山医药集团。"怕上火，就喝王老吉"，这句经典的广告词将凉茶在国内遍布可乐、雪碧等饮料的竞争市场上精准定位出来，让消费者加深了对凉茶的印象。

在与"加多宝"竞争商标时，王老吉不断重复"180余年正宗秘方，王老吉从未更名，购买时请认准王老吉凉茶"广告。一方面使消费者更加认可和支持王老吉的品牌形象；另一方面也稳定王老吉凉茶品类第一的市场地位，提升王老吉的品牌价值。

这些活动所带来的品牌效益非常可观。所以在对无形资产进行估值的过程中，必须重视以品牌为首的无形资产。由此可见，无形资产在企业发展中发挥着越来越重要的作用。

企业在进行资产管理时，对无形资产的分析与评价成为其中的重要环节，具体可以从以下几个方面着手，如图2-5所示。

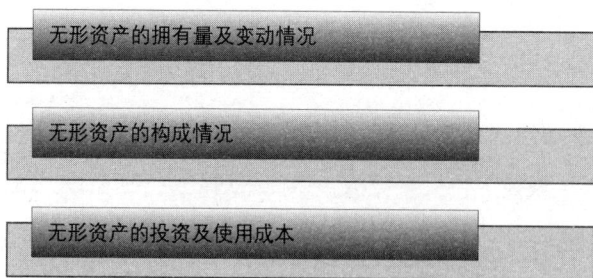

```
无形资产的拥有量及变动情况

无形资产的构成情况

无形资产的投资及使用成本
```

图2-5 无形资产分析的三个方面

（1）拥有量及变动情况：包括数量、类型及其变动情况；

（2）构成情况：无形资产在总资产中所占的比例、与流动资产、固定资产的关系等；

（3）投资及使用成本：投资包括企业无形资产的投入规模与水平、原有成本等；使用成本主要包括无形资产的运营能力、使用效率等。

2.1.4 复核现金流量表

对于企业来说，现金流量表的主要作用是，反映一定时期内（如月度、季度或年度）经营活动、投资活动和筹资活动对现金及现金等价物所产生的影响。

现金流的多少直接影响着企业的生存和发展，也就是说，即使企业的盈利能力好，但如果现金流断裂，也会对企业的生产经营造成重大影响，严重时还会造成企业倒闭。

分析现金流量表能帮助分析企业的变现能力和支付能力，进而对企业未来的生存和发展进行判断，如图 2-6 所示。

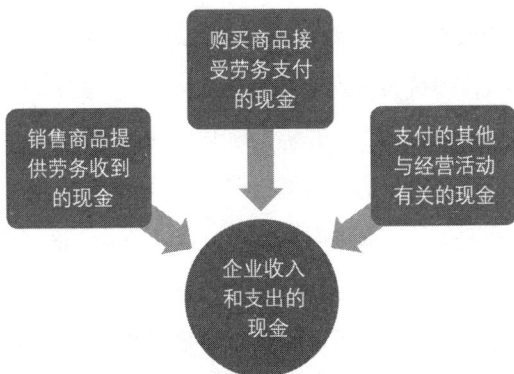

图 2-6　企业现金收入与支出的组成部分

（1）销售商品提供劳务收到的现金包括：本期销售商品和提供劳务本期收到的现金、前期销售商品和提供劳务本期收到的现金、本期预收的商品款和劳务款、本期收回前期核销的坏账损失、本期发生销货退回而支付的现金。

（2）购买商品接受劳务支付的现金是指企业在购买商品、接受劳务实际支付的现金，主要包括企业在购买材料时所支付货款、预付购货款、偿还应付账款以及支付的进项税额等部分。

（3）支付的其他与经营活动有关的现金具体体现为与经营活动有关的其他现金的流出情况，例如，企业的管理费用、职工薪酬和未支付的现金费用外的费用、捐赠现金的支出、罚款支出等，只要是企业在使用较大的现金流时，就需要列出该项目进行反映。

2.1.5　审查损益表

损益表是反映企业收入、成本、费用、税收情况的财务报表，说明企业利润的构成和实现过程。企业内外部相关利益者主要通过损益表了解企业的经营业绩，预测企业未来的利润情况。

另外，损益表为企业分配利润和评价管理水平提供了重要依据，在进行损益表审计工作时，需要重点检查以下 5 项内容：

（1）损益表内各项目数据是否填列完整，有没有明显的漏填、错填现象。对于数据之间的钩稽关系（相互间可检查验证的关系），应当逐一核查。

（2）检查损益表与其他附表之间的钩稽关系。一般情况下，损益表所列产品销售收入、产品销售成本、产品销售费用和缴纳的各项税金及附加的本年发生数应当与附表数据一致；损益表所列净利润应当与利润分配表的数据一致。

（3）核对损益表内各项目数据的明细账与总账是否相符，如果在核对过程中发现某些数据异常，则需要对这些数据进行更细致的检查。

（4）结合原始凭证检查成本费用、销售收入、利润分配等数据是否有效、准确。

（5）结合纳税调整检查企业所得税的计算是否正确，结合明细账和原始凭证详查各扣除项目，注意有无多列扣除项目或扣除金额超过标准等问题。

2.2　财务风险控制

在进行融资的过程中，投资者会对企业的经营风险进行评估。因此，作为创业者，需要基于真实可靠的财务数据，将三大财务报表做好，积极应对投资者的检查，证明项目风险是可控的。

2.2.1　财务数据真实可靠

世界著名实业家，日本四大经营大师之一，京瓷集团原董事长稻盛和夫先生在其《经营与会计》一书中强调"一一对应原则：必须保证钱、物与票据的一一对应"。这个观点值得我们借鉴和学习，其核心在于通过财务数据如实反映所发生的经营事实。

只有财务数据真实可靠，有据可查，依照它作出的报表才能真实地反映公司的整体情况，而要想实现这一目标，必须重点关注以下两个要素，如图 2-7 所示。

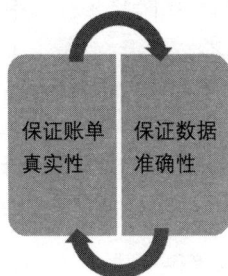

图 2-7　财务数据真实可靠，有据可查的两个要素

1. 保证账单真实性

账单真实有两个方面的含义，一是账单在打印或者下载时，要真实有效，必须由银行提供；二是保证账单在提取的过程中真实有效。

在提取账单的过程中，可能会出现数据被篡改的情况，所以必须做好核查和验证，以便顺利开展接下来的报表工作。

2. 保证数据准确性

企业的账单往往会涉及大量的数据和计算，一旦出错，就会对账单的真实性和有效性造成严重影响。因此，在进行财务审计时，我们必须对数据抱有认真、严谨的态度，保证票据和数据一一对应，为融资决策做好充分的准备。

2.2.2　大宇集团破产解析

1967 年，金宇中依靠借来的 10 000 美元创立了大宇集团，其业务范围涵盖外贸、重型装备、造船、汽车、电子、通信、化工、建筑、金融等各个领域。1997 年，美国《财富》杂志将大宇集团 CEO 金宇中评为"亚洲风云人物"。

然而，在大宇集团无限风光的背后，却隐藏着过度举债，也正是因为过度举债、滥用财务杠杆，才让大宇集团逐渐走上了一条不归路，最终落得个倒闭的结果。

1997 年年底，韩国发生金融危机，为了降低财务风险，企业应当根据财务杠杆原理减少利息支出，并偿还债务。不过，大宇集团不仅没有减少债务，还发行了大量债券，使其财务负担变重，风险也更高。大宇集团认为，只要积极拓展市场，增加销售额和出口就能躲过这场金融危机。

相关数据显示，大宇集团发行的债券高达 7 万亿韩元（约 58.33 亿美元）。1998 年第 4 季度，大宇集团的债务风险初步显现出来，但通过各个资本方的援助，这场债务风险并没有造成很严重的后果。此后，在越来越严峻的债务压力下，大宇集团制定出种种挽救措施，无奈为时已晚。

1999 年 7 月中旬，大宇集团向韩国政府求救；1999 年 7 月 27 日，大宇集团被韩国 4 家债权银行接管；随后两个月，大宇集团陆续出售盈利最佳的大宇证券、大宇电器，以及大宇造船等企业。

1999 年 12 月，大宇集团对外宣布，董事长金宇中和 14 名总经理全体辞职，至此，大宇集团的神话宣告终结。

大宇集团破产的原因是什么？财务杠杆比例过高似乎起到了决定性作用。这里所说的财务杠杆是指企业通过负债把社会资源集中起来，将其投入生产领域，并从中获得回报。而财务杠杆比例则是指负债与资产的对比关系、负债与所有者权益的对比关系或长期负债与所有者权益的对比关系。

一家完全没有债务的企业财务状况可能并不理想，因为没有债务就意味着只能动用已有的资金，这会使企业的发展有很大的局限性，资金的周转压力也很大。然而，财务杠杆比例过高也有不利之处，具体如图 2-8 所示。

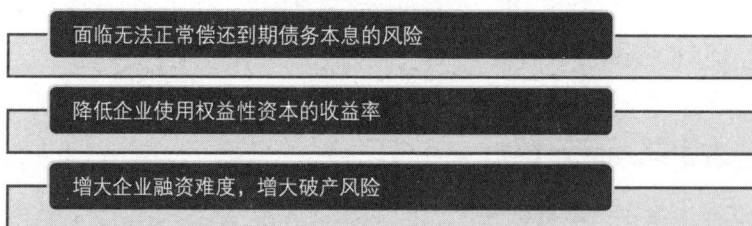

- 面临无法正常偿还到期债务本息的风险
- 降低企业使用权益性资本的收益率
- 增大企业融资难度，增大破产风险

图 2-8　财务杠杆比例过高的不利之处

财务杠杆对企业发挥的作用来源于负债对提高企业所有者收益发挥的作用，其基础是企业的投资利润率与负债利息率的对比关系。下面分两种情况分析财务杠杆对企业是否有利。

当企业的投资利润率大于负债利息率时，企业可以盈利。此时，企业使用债务资金创造的收益在扣除债务利息之后还有一部分剩余，这部分剩余的收益就是财务杠杆对企业发挥作用的结果。

当企业的投资利润率小于负债利息率时，企业很可能不盈利。此时，因为企业使用债务资金所创造的利益要低于需要支付的债务利息，所以必须使用一部分权益性资金创造的利润去进行弥补，在这种情况下，财务杠杆对企业发挥了负面作用。

综上所述，当财务杠杆比例过高时，企业支付的利息就很大，而要是出现投资利润率小于负债利息率的现象，企业将要承担更大的额外损失以及财务风险。

因此，对于创业者来说，将企业的财务杠杆比例控制在一定水平有利于降低经营风险，同时享受财务杠杆带来的积极作用。

2.3 大数据时代下的财务"新"变化

在早前，由于技术的落后以及思维的局限，我们习惯于用少量的样本数据来推测出总体的特征，但是随着大数据时代的到来，一切都变得不一样，与融资息息相关的财务也包括在内。

在大数据时代，财务是做好资本科学分析的基础要素，同时也是做好资本运作的必备条件。因此，对于企业来说，学会利用技术做好财务方面的工作，就相当于扼住了命运的咽喉。

2.3.1 资本成本的财务分析

资本成本是衡量资本结构优化程度的标准，主要指企业为筹集和使用资本而付出的代价。一般来说，资本成本由小到大主要包括银行借款、债券、可转换债券、优先股、留存收益、普通股等。

在评价企业整体业绩时，资本成本是一个非常重要的因素，所以投资者会十分看重。如今，对资本成本进行财务分析已经成为各个企业必须要做，而且要做好的事情，具体可以从以下几个方面说明，如图 2-9 所示。

图 2-9　对资本成本进行财务分析

1. 债务资本成本分析

债务资本成本是指企业通过银行借款、向社会发行债券、融资租赁等方式筹集和取得资金的成本，主要有三种形式，分别为银行借款资本成本、企业债券资本成本、融资租赁资本成本。

债务资本成本有两个特点，一是债权人的投资风险低于股东；二是其自身成本要小于股权资本成本。在区分时，债务资本成本可以细化为历史和未来两个部分，这两个部分可以作为投资决策和企业价值评估的重要依据。

另外，债务资本成本囊括了长期债务和短期债务，在进行预算时，通常的做法是只考虑前者而忽略后者。当然这也不是绝对的，因为一旦短期债务不断存续，要作为长期债务考虑，必须要重视。

在债务资本成本分析中，税前债务资本成本分析非常关键，可以采用以下4种方法。

第一种是到期收益率法，具体来说，平价发行时，到期收益率 = 票面利率；溢价发行时，到期收益率 < 票面利率；折价发行时，到期收益率 > 票面利率。

第二种是可比公司法（没有上市的长期债券），即以可比公司长期债券的到期收益率作为本公司长期债务成本。那么，可比公司应该如何选择呢？有三个条件，一是与目标公司处于同一行业；二是与目标公司具有类似商业模式，三是规模、财务状况与目标公司类似。

第三种是风险调整法（①没有上市的长期债券；②找不到合适的可比企业），税前债务成本主要是政府债券的市场回报率和企业的信用风险补偿率。

第四种是财务比率法，通常适用于没有上市的长期债券，找不到合适的可比企业，又没有信用评级资料的企业。税后债务成本 = 税前债务成本 ×（1－ 所得税税率）

2. 权益资本成本分析

权益资本成本包括普通股资本成本与留存收益成本，其中，普通股资本成本是指向股东支付的各期股利，一共有三种模型。

一是资本资产定价模型。无风险利率的估算，选择 10 年长期政府债券到期收益率名义；市场风险溢价的估计，最好选择较长的时间跨度，包括经济繁荣期，也包括经济衰退期；权益平均市场收益率的估计则优先采用几何平均法。

二是市股利增长模型。可以采用以历史增长率与可持续增长率为核心的增长率估算法，也可以采用证券分析师的预测。

三是债券收益率风险调整模型。风险溢价的估算，一是经验，二是根据历史数据分析；留存收益资本成本的估算，与普通股类似，就是任性，不用考虑筹资费用。

3. 混合筹资资本成本分析

混合筹资资本成本中包括优先股和永续债，其中，优先股的资本成本率按照一般模式计算为 $Ks=D/Pn(1-f)$，Ks 表示优先股资本成本率，D 表示优先股年固定股息，Pn 表示优先股发行价格，f 则表示筹资费用率。

例如，某上市企业发行面值为 100 元的优先股，规定的年股息率为 9%，该优先股溢价发行，发行价格为 120 元，发行时筹资费率为发行价的 3%，则该优先股的资本成本率为：$Ks=100×9\%/120×(1-3\%) ≈ 7.73\%$。

如果是浮动股息率优先股，则优先股的浮动股息率将根据约定的方法计算，并在公司章程中事先明确。由于浮动优先股各期股利是波动的，因此，其资本成本率只能按照贴现模式计算。

永续债是指没有明确到期日或期限非常长的债券，债券发行方只需支付利息，没有还本义务。如果按一般模式计算，那么永续债的资本成本率 = 永续债每年利息 ÷[永续债发行价格 (1－ 永续债发行费用率)]。

4. 平均资本成本分析

平均资本成本是指多元化融资方式下的综合资本成本，反映了企业资本整体水平的高低。具体来说，平均资本成本是以各项个别资本在企业总资本中的比重为权数，对各项个别资本成本率进行加权而得到的总资本成本率。

通常情况下，如果衡量与评价单一融资方案，我们应该计算企业的个别资本成本；而要衡量与评价融资总体性，则应该对企业的平均资本成本进行计算。

2.3.2 大数据时代对财务提出新希望

随着技术的不断进步，人类对于信息、物联网的运用也逐步增强，各类数据更是铺天盖地地涌来，汇聚成一望无际的"海洋"。自此，大数据时代正式到来，身处这片"海洋"中，我们无时无刻不被大量的、动态的、持续的数据包围着，但如果只有这些数据，而不能对其进行有效而准确的整合，那将会毫无意义。

因此，对于企业来说，拥有出色的数据整合能力，是大数据时代最突出的优势。另外，大数据时代也让企业的财务发生了许多变化，到处都透露着"新"的色彩，如图 2-10 所示。

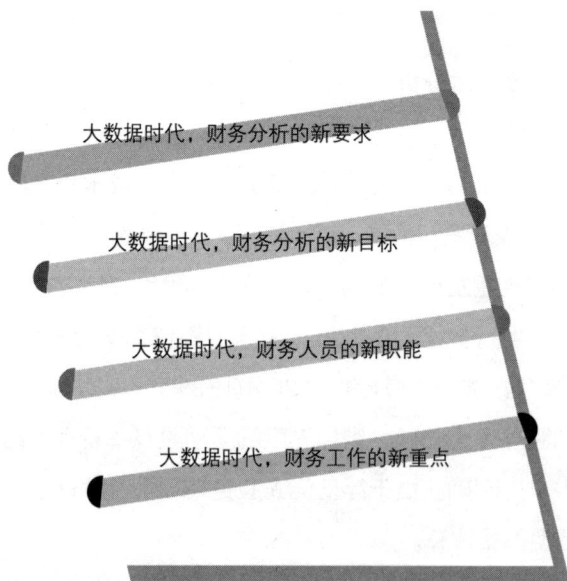

大数据时代，财务分析的新要求

大数据时代，财务分析的新目标

大数据时代，财务人员的新职能

大数据时代，财务工作的新重点

图 2-10　大数据时代让企业的财务发生变化

1. 大数据时代，财务分析的新要求

大数据时代对于企业来说，是机遇与挑战并存，既有积极的推动作用，同时也带来了许多挑战。

首先，获取财务信息的平台更加多元。在传统的模式下，企业如果想要获得一些资料，用来分析行业的发展趋势或发展特点，进而预测出未来的发展趋势，并不简单。

但是由于大数据时代的到来，每一家企业都可以轻而易举地从各种各样的平台上获取到本行业甚至是与之相关的上、下游行业的海量数据。

其次，获取财务信息的速度更快。随着互联网以及云技术的进一步发展，企业对于财务相关信息的收集、处理以及运用相较于传统模式更加简洁和高效，而且再也不用受到时间和地域的限制，避免了人力物力资源的浪费。

最后，财务信息更加丰富可靠。如今，各种财务软件，例如 ERP、CRM 以及 Web 的广泛运用，让企业日常的财务活动中出现的错误率大大降低。同时，利用这些财务软件，企业可以全面而准确地得到财务信息，从而对资本运作提供帮助。

但不得不说，大数据时代也为财务分析带来了挑战。例如，企业对大数据的了解依然比较碎片化，不是非常全面而准确；当下的技术无法保证企业财务信息的安全；相关人才匮乏，无法满足现代化大数据时代的办公需要。

2. 大数据时代，财务分析的新目标

从字面上理解，财务分析的目标就是财务分析工作中应该达到的要求和目的，可以分为"受托责任学派"以及"决策有用学派"两个延续至今的不同学派。

其中，"受托责任学派"立足于股东，考虑委托代理的情况，它将经营权与所有权剥离开来，认为财务分析的目标就是向资源提供者也就是股东汇报资源的管理情况。

因此，财务分析工作必须保证财务信息的客观性；对于财务计量应该采用历史成本计量的模式；在财务报表方面，尤其要重视损益表，因为作为股东的投资者最关心企业的经营业绩和获得的利润收入。

"决策有用学派"认为，财务分析的目标实际上是向信息使用者提供有利于其决策的建议，其出发点在于决策的有用性，着重点在于财务人员在工作中提供

的各种数据。

在我国，企业的股权集中现象非常普遍，要找出几个像华为一样将股权高度分散的企业简直是"难于上青天"。因此，我国企业的财务分析目标首先应该是向股东汇报资源的管理情况，并在此基础上为决策者提供有利于其作出决策的财务信息和建议。

3. 大数据时代，财务人员的新职能

早前，财务人员更注重的是事后的反映及管理，其职能较为滞后，所以无法为企业提供及时而全面可靠的财务信息来进行决策，具有一定的局限性。

如今，财务人员的职能边界开始渐渐模糊，体现了企业经营的新要求。大数据时代之下，财务人员的反映职能进一步衍生为对企业未来发展情况的一个体现。

通过互联网，财务人员可以获取大量的数据，包括客户的行为、喜好、位置，并在此基础上将客户分类，建立数学模型，全方位地分析客户需求，得出产品的市场接受度，对企业是否能够盈利以及可能面临的风险进行准确预测。

财务人员得到的数据量越大，建立起来的数学模型就越精确，也能够更加精准地采取措施来投放广告、组织促销活动，节省了不少人力物力成本，大大提高了企业的销售效率。

4. 大数据时代，财务工作的新重点

目前，很多企业对大数据的认识不够，也不重视大数据在财务分析工作中的强大作用。因此，想要在大数据时代中取胜，必须解决这两个棘手问题。例如，邀请财务行业中对大数据有前沿性认识的教授和专家举办讲座、召开论坛，共同交流进步。

除此以外，可以将对大数据的了解和应用能力作为考核指标，用于评级财务人员的专业水平，并且直接与薪酬挂钩。通这些方法，可以改善企业的财务分析现状。

近年来，"云"技术的运用比较广泛，将数据上传到云端，进一步扩大了数据的存储空间，企业自身也应该加大这方面的投入，及时更新系统和各种财务软件，定期进行风险排查，建立起符合自身实际情况、便于经营和管理的财务系统。

随着技术的更新换代，财务人员的知识结构也必须注入新鲜的血液，多学习互联网知识，熟练掌握各种财务软件的运用。与此同时，对于招聘到的财务人员，企业也应组织针对自身的个性化培训，用最高的效率传授最实用、最易上手的技巧。

第 3 章

税务：在法律的
轨道上行进

○────────────────────────────○

　　税务是企业在经营过程中必不可少的组成部分，良好的税务意识可以帮助创业者提高企业管理水平，降低企业风险，借助国家优惠政策降低成本，并最终提升竞争力和影响力。

3.1 税种与税费计算

企业在经营过程中需要按照相关规定认真缴税，所以创业者必须了解常见税种及常用概念。一方面，有利于降低企业的税务风险；另一方面，创业者可以借此了解企业税务情况，为融资奠定基础。

3.1.1 解析5大常见税种

在税务方面，常见税种有很多，包括营业税、增值税、消费税、所得税、印花税、房产税、土地增值税、车船税、教育费附加、矿产资源补偿费等，常见税种如图3-1所示。

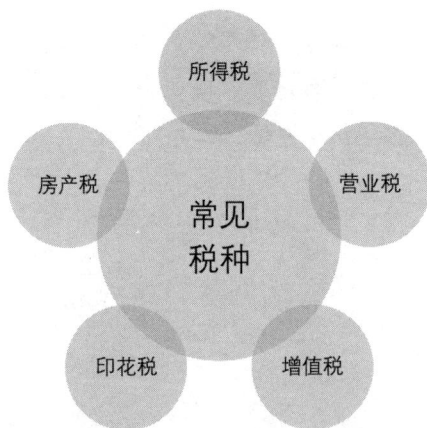

图 3-1　常见税种

1. 所得税

所得税是指以纳税人的所得额为课税对象的各种税收总称。其主要包括企业销售货物所得、转让财产所得、利息所得、提供劳务所得、股息红利所得、租金所得和其他所得等。

2. 营业税

营业税是最为常见的税种之一，具体指在中国境内企业或个人在提供应税劳务、转让无形资产或销售不动产时，对其所获得的营业额进行征收的一种税。营业税非常容易辨认，具有征收范围较广、税率低、计算简便等诸多特点。

3. 增值税

增值税是流转税的一种，具体是指对商品在流转过程中产生的增值额征收的费用。现在，增值税已经发展成为中国最主要的税种之一，同时也是中国最大的税种，其收入占中国全部税收的 60% 以上，远远超过了其他税种。

4. 印花税

印花税也是常见的税种之一，其征收对象是企业和个人。一般是来说，印花税是指对经济活动和经济交往中使用、领受具有法律效力的凭证所缴纳的费用。

5. 房产税

房产税的征收对象是房产，它以房产的价格或者是房产的租金为征收依据，主要向房产所有人或者经营人征收。

3.1.2　税费计算中的概念

以下几个概念在企业的税费计算中十分常用，如图 3-2 所示。

| 应纳税所得额 |
| 应交所得税 |
| 时间性差异 |
| 本期所得税费用 |

图 3-2　税费计算中常用的概念

1. 应纳税所得额

应纳税所得额具体是指按照税法规定确定纳税人在一定期间所获得的所有应税收入减除在该纳税期间依法允许减除的各种支出后的余额。

2. 应交所得税

应交所得税是在某一会计期间的前提下，按照纳税所得和实际执行税率计算企业在本期应交的所得税金额。

3. 时间性差异

时间性差异是指某一会计期间，企业的会计利润与计入纳税所得的时间不一致的现象，此现象会导致前后过程中出现利润差额。

4. 本期所得税费用

本期所得税费用具体指企业在某一会计期间，在利润表中列出的所得税金额。

3.2 税收与税负问题

无论是对于投资者还是创业者来说，都坚决不能触碰法律红线，即使当中涉及损害个人利益的双重税后问题。不过，如果可以在法律范围内合法突破股东人数限制、合理规避税负，那创业者为什么不试着这样做呢？

3.2.1 国家税收减免政策

2019 年 1 月 18 日，财政部发布了《关于实施小微企业普惠性税收减免政策的通知》（以下简称《通知》），该《通知》对新创立的小微企业给予了力度很大的税收减免政策，如图 3-3 所示。

图 3-3 《关于实施小微企业普惠性税收减免政策的通知》

其中，主要的税收优惠、条件及计算方法如下：

（1）免征增值税：月销售额 10 万元以下（含本数）的增值税小规模纳税人。

（2）放宽小型微利企业的条件：不再区分工业企业和其他企业，统一按照"从事国家非限制和禁止行业，且同时符合年度应纳税所得额不超过 300 万元、从业人数不超过 300 人、资产总额不超过 5 000 万元三个条件"，如表 3-1 所示。

表 3-1 小型微利企业的认定条件

小型微利企业	原优惠政策	普惠性所得税减免政策
行业	国家非限制和禁止行业	国家非限制和禁止行业
从业人数	工业企业：不超过 100 人	不超过 300 人
	其他企业：不超过 80 人	
资产总额	工业企业：不超过 3 000 万元	不超过 5 000 万元
	其他企业：不超过 1 000 万元	
年应纳税所得额	不超过 100 万元	不超过 300 万元

（3）企业所得税税收优惠计算：2019 年 1 月 1 日至 2021 年 12 月 31 日，对小型微利企业年应纳税所得额不超过 100 万元的部分，减按 25% 计入应纳税所得额，按 20% 的税率缴纳企业所得税；对年应纳税所得额超过 100 万元但不超过 300 万元的部分，减按 50% 计入应纳税所得额，按 20% 的税率缴纳企业所得税。

举例来说，C企业2019年第1季度预缴企业所得税时，经过判断不符合小型微利企业条件，但是此后的第2季度和第3季度预缴企业所得税时，经过判断符合小型微利企业条件。

那么，C企业在第1季度至第3季度预缴企业所得税时，相应的累计应纳所得税额分别为50万元、100万元、200万元。

实际应纳所得税额和减免税额的计算过程如图3-2所示。

计算过程	第1季度	第2季度	第3季度
预缴时，判断是否为小型微利企业	不符合小型微利企业条件	符合小型微利企业条件	符合小型微利企业条件
应纳税所得额（累计值，万元）	50	100	200
实际应纳所得税额（累计值，万元）	50×25%=12.5	100×25%×20%=5	100×25%×20%+（200-100）×50%×20%=15
本期应补（退）所得税额（万元）	12.5	0（5-12.5<0，本季度应缴税款为0）	15-12.5=2.5
已纳所得税额（累计值，万元）	12.5	12.5+0=12.5	12.5+0+2.5=15
减免所得税额（累计值，万元）	50×25%-12.5=0	100×25%-5=20	200×25%-15=35

图3-2 小型微利企业普惠性所得税减免

（图例来源：关于《国家税务总局关于实施小型微利企业普惠性所得税减免政策有关问题的公告》的解读）

因此，符合小型微利企业条件的企业可以多关注国家税收减免政策，以便在减少缴税负担的同时为自己争取更多的发展资金。

3.2.2 法律层面：突破股东人数限制

首先看一下我国法律层面对公司股东人数的限制。

我国《公司法》第二十四条规定："有限责任公司由五十个以下股东出资设立。"

我国《公司法》第七十八条规定："设立股份有限公司，应当有二人以上二百人以下为发起人，其中须有半数以上的发起人在中国境内有住所。"

《证券法》则规定："公开发行证券，必须符合法律、行政法规规定的条件，并依法报经国务院证券监督管理机构或者国务院授权的部门核准；未经依法核准，任何单位和个人不得公开发行证券。有下列情形之一的，为公开发行：（一）向不特定对象发行证券的；（二）向特定对象发行证券累计超过二百人的；（三）法律、行政法规规定的其他发行行为。非公开发行证券，不得采用广告、公开劝诱和变相公开方式。"

法律条文所规定的内容都具有强制性，因此并不需要解释。对于股东人数的限制，既包括原始股东，也包括由于增资、转资以及合并等原因新加入的股东。

在这种情况下，通过设立有限合伙企业以基金形式入股或者以代持形式入股都可以突破股东人数限制，而且不会触碰法律红线。有限合伙企业的结构如图 3-4 所示。

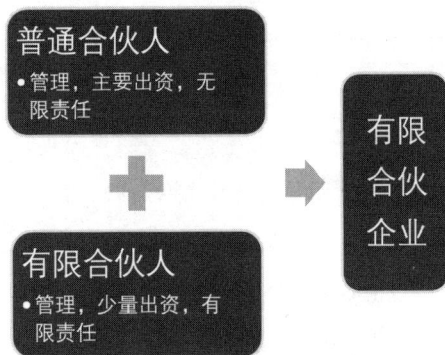

图 3-4　有限合伙企业的结构

关于有限合伙企业的人数限制，《合伙企业法》是这样规定的，"普通合伙企业由普通合伙人组成，而有限合伙企业由普通合伙人和有限合伙人组成，且至少应当有一个普通合伙人"，而且"除法律另有规定外，有限合伙企业由二个以上五十个以下合伙人设立"。

国家对有限合伙企业的人数作出限制性规定，是为了防止不法分子利用有限合伙企业形式进行非法集资活动。关于股权代持，国家还没有法律规定人数的上限，不过如果人数过多，未来被代持者想成为显名股东便会存在很大障碍。

3.2.3　税负层面：采用有限合伙形式可有效避免双重税负

通过设立有限合伙企业以基金形式入股可以有效避免双重税负。我国《合伙企业法》第六条规定："合伙企业的生产经营所得和其他所得，按照国家有关税收规定，由合伙人分别缴纳所得税。"这也意味着有限合伙企业不用缴税，而是由包括普通合伙人以及有限合伙人在内的合伙人缴税，而且只缴纳所得税。

有限合伙企业具体怎么缴税呢？这就不得不提到"先分后税"的方式，即合伙企业分配利润以后，普通合伙人和有限合伙人再根据所得额缴纳所得税。

如果合伙人是法人，则缴纳企业所得税；如果合伙人是自然人，则缴纳个人所得税；如果不分配利润，合伙企业和合伙人均无须缴纳所得税。下面看一个合伙企业的涉税处理案例。

某创投企业（合伙企业）由 A 责任有限公司（普通合伙人，以下简称"GP"）、其他十个自然人（有限合伙人，以下简称"LP"）合伙成立，其中，GP 出资200 万元，十个 LP 分别出资 100 万元。

根据《创业投资企业管理暂行办法》第十二条规定，创投企业的经营范围为："（一）创业投资业务。（二）代理其他创业投资企业等机构或个人的创业投资业务。（三）创业投资咨询业务。（四）为创业企业提供创业管理服务业务。（五）参与设立创业投资企业与创业投资管理顾问机构。"

实际上，该创投企业的主要经营业务是对 B 企业进行股权投资，主要利润为投资收益，包括股息、红利等权益性投资收益和转让股权收入（收益）；此外还有其他收入，包括利息收入、补贴收入等。支出主要有 GP 管理报酬、资金托管费用、财务审计费、律师费、诉讼费、会议费、工商费用、股权交易费用等。

涉税事项主要有：提供劳务所涉增值税（营改增试点区域和行业）、营业税及其附加税费、股权交易的印花税等行为税、自用房产土地的财产税等。

作为创投企业的普通合伙人和法人，A 责任有限公司虽然在合伙关系中承担无限责任，但它本身是有限责任公司，所以该创投企业中并没有无限责任人。

根据财政部、国家税务总局《关于合伙企业合伙人所得税问题的通知》第二条规定："合伙企业以每一个合伙人为纳税义务人。合伙人是自然人的，缴纳个人所得税；合伙企业合伙人是法人和其他组织的，缴纳企业所得税。"

由于合伙企业以每一个合伙人为纳税义务人，而且十个 LP 都为自然人，所以需要缴纳个人所得税。

根据《财政部、国家税务总局关于个人独资企业和合伙企业投资者征收个人所得税的规定》："应比照'个体工商户的生产经营所得'，适用 5%～35% 的五级超额累进税率，计算征收个人所得税。"

而对于法人以及其他组织，根据《企业所得税法》的规定，适用 25% 的企业所得税率。根据《企业所得税法》及其《实施条例》的规定："非居民企业在中国境内未设立机构、场所的，其来源于中国境内的所得按 20% 的税率征收企业所得税。"所以非居民企业作为有限合伙人取得的所得，应当按照 20% 的税率缴纳企业所得税。

综上所述，我们可以得出有限合伙企业中各类合伙人的税率，具体如表 3-3 所示。

表 3-3　有限合伙企业中各类合伙人的税率

各类合伙人／税率	普通合伙人	有限合伙人
中国自然人	5%～35%	20%
中国法人企业	25%	25%
非居民企业	25%	20%
外籍个人	5%～35%	0

中国自然人投资于有限合伙企业，如果是普通合伙人，则税率范围在 5%～35% 之间；如果是有限合伙人，则税率为 20%；

中国法人企业投资于有限合伙企业，无论是普通合伙人还是有限合伙人，税率均为 25%；

非居民企业投资于有限合伙企业，如果是有限合伙人，则需按 20% 的税率征收所得税；如果是普通合伙人，则需按 25% 的税率征收所得税；

外籍个人投资于有限合伙企业，如果是有限合伙人，则适用于免税规定；如果是普通合伙人，则按 5% ~ 35% 的税率征收所得税。

通过以上分析，你是否看懂有限合伙企业缴纳所得税的计算方法？如果你正面临着股东人数限制的难题，那么建议投资者采用有限合伙的形式入股，这是一个既能突破股东人数限制，又能避免双重税负的策略。

第 4 章

法务：准备与执行
缺一不可

融资之前，为了应对投资者的尽职调查，创业者需要准备财务、税务等方面的资料。除此以外，如果创业者能对法务知识多了解一些，并掌握相关技巧，做好充足准备，在一定程度上可避免因陷入法律纠纷而影响企业发展的情况。

4.1 法律准备

在进行融资时，法律准备主要包括审查主体，制定商会、议事和决议规则，以及整理企业与员工的劳动合同。将这些准备好以后，企业的法律风险可以进一步降低，获得投资的概率也将更大。

4.1.1 审查主体

一般情况下，投资者在投资之前会先把尽职调查清单发给创业者，其中有一项就是审查主体。在审查主体时，需要从以下几个方面准备，如图 4-1 所示。

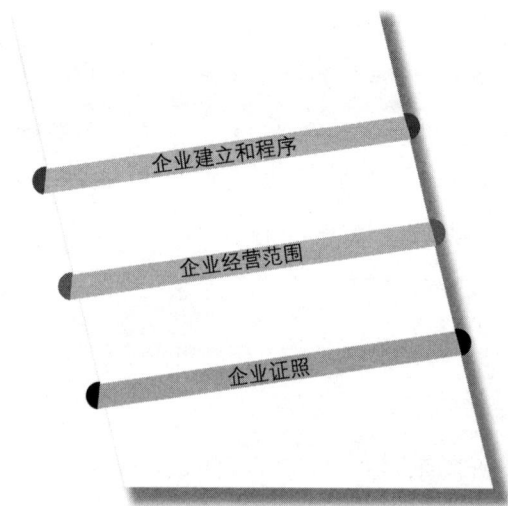

图 4-1 审查主体的内容

1. 企业建立和程序

企业建立和程序包括建立时间、注册资本、是否合法、是否经历过股权变更、相关章程以及修正次数等，其作用是向投资者表明企业建立合法、程序完整。

2. 企业经营范围

经营范围与企业未来的发展息息相关，所以是投资者非常重视的一项内容。如果说企业的产品已经做出来，但是市场影响不够大，投资者会更加注重对经营范围的考察。通常而言，投资者更希望企业聚焦商业模式较好的业务内容。

3. 企业证照

投资者审查企业证照的意义在于确定企业是否具有行业资质。以网站为例，按照法律规定，网站运营者需要在国防部门进行报备，如果是电商网站，还需要有 ICP（因特网内容提供商）的备案。

另外，如果是餐饮、住宿、租赁、金融、科技等特殊行业的企业，要是在不具备资质的情况下获利，则会涉及非法经营，这是投资者比较重视的问题。

针对上述几个方面的审查，创业者应当在融资之前就做好准备，并及时弥补不足之处。

4.1.2　商会、议事和决议规则

在企业中，商会包括股东会、董事会、监事会，如图 4-2 所示。

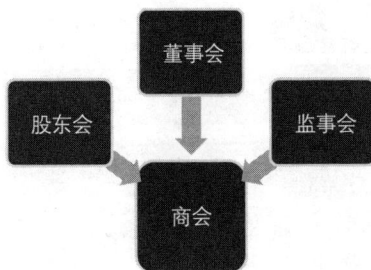

图 4-2　企业中的商会

在上述所有商会中，投资者最关注的是董事会，因为董事会和管理层一起享有企业的经营权，而且董事会席位还关系到企业的控制权。根据相关规定，有限责任公司的董事会成员为三至十三人，股份制公司的董事会成员为五至十九人。

关于股东会，《公司法》第三十七条规定了股东会可以行使的各项职权，包括决定公司的经营方针和投资计划、对公司合并、分立、解散、清算或者变更公司形式作出决议等。在股东会方面，投资者与创业者一般不会产生分歧。

监事会主要由股东会选举的监事以及员工民主选举的监事组成，该商会与董事会并列设置，可以对董事会和总经理行政管理系统行使监督权。

在考察企业时，投资者还会关注董事会的议事和决议规则，其中，议事规则包括哪些事情必须让投资者同意、哪些事情投资者有一票否决权以及哪些事情由股东会决定；决议规则主要指三大商会的决议文件，包括纸质与扫描版。

4.1.3 整理劳动合同

我国《劳动合同法》第十条规定："应当自用工之日起一个月内订立书面劳动合同"；第八十二条规定："用人单位自用工之日起超过一个月不满一年未与劳动者订立书面劳动合同的，应当向劳动者每月支付二倍的工资。用人单位违反本法规定不与劳动者订立无固定期限劳动合同的，自应当订立无固定期限劳动合同之日起向劳动者每月支付二倍的工资。"

因此，对于企业来说，每进来一个员工，都应当与其签订劳动合同，越早越好，最晚不要超过一个月。在签订劳动合同时，需要注意以下5点，如图4-3所示。

图4-3 签订劳动合同的注意事项

1. 选择劳动合同的类型

劳动合同分为固定期限劳动合同、无固定期限劳动合同与单项劳动合同，三者区别在于有无确定终止时间。在具体操作时，企业应当与员工平等协商、一致约定终止时间，选择合适的劳动合同。

2. 注意劳动合同的有效性

依照《劳动合同法》第二十六条规定，劳动合同被确认无效，并给对方造成损害的，有过错的一方应当承担赔偿责任。

3. 设立违约条款

对于掌握重要机密的创业合伙人或者核心员工，可以设立保密条款和竞业禁止条款，事先设立这样的违约条款可以保护企业的合法权益，否则有可能让企业遭受重大损失。

4. 设立免责条款

对于一些中小型企业来说，由于自身实力比较弱，很难将员工入职之前的历史掌握清楚，如果遇到一些刻意隐瞒事实的员工，很有可能无法察觉，最终导致未来因竞业禁止等原因承担连带赔偿责任。在这种情况下，企业就应该提前在劳动合同上添加免责条款以保护自身利益不受侵害。

5. 及时变更条款内容

如果员工的岗位、薪酬等发生变化，或者企业发生合并、分立等情况，那就必须及时变更劳动合同中的相关条款内容，这样做有利于避免今后可能产生的劳动纠纷。

在签订劳动合同方面，创业者一定不能大意。此外，无论是天使投资者还是后续轮次的投资者，都会非常关注员工的履历和劳动合同，所以必须在融资前将这些资料整理清楚。

4.2 执行策略

4.2.1 企业发展过程中的法律架构

企业在发展过程中，经过多轮的融资，法律架构也随之发生改变。了解与法律架构相关的知识不仅有助于公司的调整或优化，也有助于降低融资的法律风险。

融资从开始到结束，企业往往会涉及很多种法律架构，具体可以从外在形式和内在设计两个方面进行说明，如图 4-4 所示。

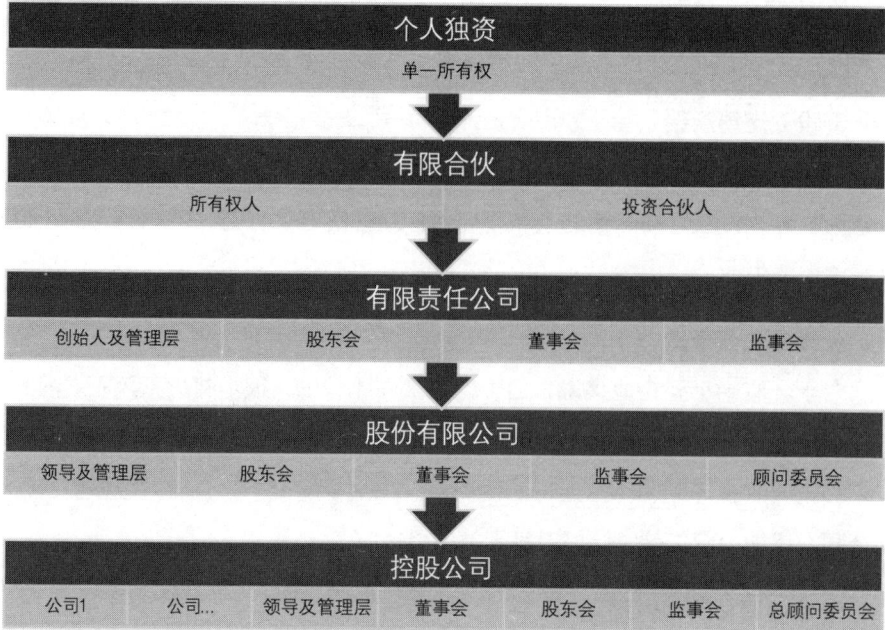

| 个人独资 |
| 单一所有权 |

↓

| 有限合伙 |
| 所有权人 | 投资合伙人 |

↓

| 有限责任公司 |
| 创始人及管理层 | 股东会 | 董事会 | 监事会 |

↓

| 股份有限公司 |
| 领导及管理层 | 股东会 | 董事会 | 监事会 | 顾问委员会 |

↓

| 控股公司 |
| 公司1 | 公司... | 领导及管理层 | 董事会 | 股东会 | 监事会 | 总顾问委员会 |

图 4-4　企业发展涉及的法律架构

从企业的角度讲，外在形式在初期可以以个人独资的形式存在（也可以以有限合伙或者有限责任的形式起步）。这个时候，企业属于单一所有权的企业。

通过经营，所有权人与关键员工分享所有权，如果有投资者进入分担经营成本，企业的外在形式就变为有限合伙。

随着业务的发展和员工人数的上升，企业通过融资，对所有权进行分配，外在形式逐渐变成为有限责任。

通过多轮次融资和上市，股份有限公司正式形成，此时管理层、董事会、股东会、监事会、顾问委员会基本上各司其职。在此基础上，企业会进一步扩张，最终变为大型的控股公司。

对于发展相对成熟的企业来说，内在设计中都含有董事会、股东会和监事会，这三大商会共同在企业的发展中发挥着重要作用。

4.2.2　商标、专利权、著作权等知识产权保护

阿里巴巴原董事长马云先生曾表示："阿里巴巴在全球注册了数万件商标和数千条专利，商标就是阿里巴巴的金丝软甲。"同样，华为创始人任正非先生在BBC 的采访中也强调："华为现在在全球拥有 8 万多项技术专利（其中在美国注册了 1 万多项），是信息社会的基座，对人类社会作出了巨大的贡献。"

商标、专利、著作权等知识产权是企业的战略防御武器，更是企业立足市场的必备资源，同时也是企业进行全球扩张的制胜关键，所以必须得到有效保护。

创业者在企业初期和融资阶段，就需要不断考虑知识产权的保护问题，这也是投资者在法律方面的尽职调查过程中需要重视的一项内容，如图 4-5 所示。

图 4-5　企业的知识产权保护

1. 商标

根据《商标法》规定，通过申请注册取得商标专用权是商标权取得的法定方式。创业项目中的商标大多名气不足，申请注册才可以获得更有效的权利保障。创业者不应该因为项目或企业刚起步，其商标价值不高而忽视商标注册。

在创业前期，创业者如果忽视了商标注册，那么在飞速发展的后期，很可能需要从其他企业手中购回所需的商标权。而且相关法律规定，只有在无正当理由的前提条件下连续三年不使用，其他企业才可以向有关单位申请撤销商标注册。

所以，为了避免被动局面，创业者要及时注册商标，并且提前将商标的类别注册齐全，以防在飞速发展的后期，因为商标抢注问题而影响市场的扩张。

除了将商标的类别注册齐全以外，创业者还可以多注册一些相似商标，因为这些相似商标可能与你使用的商标十分相似，很容易让人们产生混淆。

如果发生商标权纠纷，创业者可以寻求法律保护。《商标法》第五十八条规定，将他人注册商标、未注册的驰名商标作为企业名称中的字号使用，误导公众，构成不正当竞争行为的，依照《中华人民共和国反不正当竞争法》处理。

2. 专利权

创业项目如果涉及新技术研发，应该在立项之前进行专利的检索，了解现有专利中相关技术的发展情况，并在研发的过程中持续跟踪。一旦发现自己符合专利申请条件，应该及时申请。

专利权从申请到通过的周期比较长，与此同时，专利权保护还受到地域限制，这就使得企业要面临更大的挑战。为了有效应对这些挑战，创业者一方面可以申请实用新型专利；另一方面可以通过申请优先审查缩短周期。

2019 年 3 月 19 日，世界知识产权组织（WIPO）发布的数据显示，2018 年，全球通过该组织申请的国际专利数量，达到创纪录的 25.3 万件，较 2017 年增长 3.9%。其中，华为的专利申请量高达 5 405 件，位居全球第一。

华为的专利权保护在国际化的发展中为华为避免了许多知识产权法律风险：

2000 年，全球网络供应商思科起诉华为及华为美国分公司侵犯其知识产权；2003 年，3COM 为华为 – 思科诉讼案作证，否认华为侵权；2004 年思科和华为达成和解。

2009 年，世界上首个无线通信网络建立者 InterDigital，和华为谈判专利许可费；华为随后在深圳中院反诉 InterDigital，最终胜诉，此案也成为我国专利许可费纠纷的第一案。

2016 年 5 月，华为起诉三星侵犯通信专利，2018 年 1 月 12 日，华为胜诉，三星败诉，华为获得 8 000 万元赔偿。

2019 年 5 月，当美国将华为列入出口管制的"实体名单"制裁时，华为 5G 专利已经在全球排名第一，占比达到 20%，而美国所有企业的 5G 核心专利的占比不到 15%。

华为作为一家优秀的科技企业，在国际化的发展中，逐渐发展起了健全、完善的知识产权业务，保证了自己在激烈的国际竞争中立于不败之地。

创业者可以借鉴华为的知识产权保护战略，正如华为高管杨学志先生在《通信之道》中写道："凡是有利于建立公司技术创新形象的技术，都要申请专利，如果有可能，还要发表文章。"

3. 著作权

创业者可以通过著作权登记保护创业项目中图形、文稿、模型等。如今，国内已经建立了包括计算机软件登记、作品登记、质权登记以及著作权合同登记和备案等相关制度在内的著作权登记制度，内容比较全面、完善。

创业者登记后获得的著作权登记证书是证明著作权的重要依据，相关规定也进一步确认了著作权登记证书的法律效力。

在众筹融资阶段，如果创业者将商业计划书等需要公开的重要文件进行著作权登记，有助于解决因著作权归属造成的纠纷，充分维护自己的合法权益，而且还可以防止抄袭、复制等不良行为。

4. 其他：域名、App 名称等

在互联网和移动互联网的大市场环境下，在注册商标的同时也需要注册域名、App 名称等，以辅助线上市场的宣传和活动。例如，根据《中国互联网络域名管理办法》，以域名注册提交人填写域名订单的信息为准的，成功 24 小时后，即可在国际（ICANN）、国内（CNNIC）管理机构查询 WHOIS 信息。

总而言之，创业者应当在创业之初就注意知识产权保护，对商标、专利等进行提前布局，并在之后的融资过程中，不断健全知识产权业务。此外，在企业融资上市以后，国际化的发展更需要注重知识产权的防御性力量，以减少法律风险带来的不良影响。

第 5 章

股权设置：合理分配，
拒绝股权僵局

股权设置关系到公司内部健康发展，是公司可持续发展的基础。在对外融资过程中，投资者也会重点关注公司的股权设置方案，其优劣会直接决定融资的成败。

5.1 合伙人之间的股权分配

合理的股权架构可以使创业团队凝聚向心力，提高企业竞争力，从而使每个合伙人利益最大化。另外，合伙人之间的股权分配在一定程度上决定了未来融资的难易程度和成败。本节通过真功夫、海底捞、Facebook 和阿里巴巴的股权分配案例为大家介绍合伙人之间的股权分配的相关知识。

5.1.1 坚决避免均分

股权有多种分配方式，其中，均分是首先要避免的。因为在企业的创立和运作时，每个合伙人在其中所发挥的作用是不一样的，所做的贡献也是不同的。

如果将股权进行均分，就会很容易出现合伙人的贡献和收益不对等的情况，一旦合伙人之间产生矛盾，还会因为股权均等不能对企业面临的情况迅速作出决策，最终影响企业的发展。

以中式快餐企业真功夫为例，该企业是国内规模较大的中式快餐企业。其合伙人之间的股权分配采用均分，并因此产生了隐患无穷的股权纠纷。

最初的时候，潘宇海作为创始人持有公司 50% 的股权（真功夫前身为潘宇海创立的"168 甜品屋"），姐姐潘敏峰管收银，姐夫蔡达标负责店面扩张，两人各持有 25% 的股权。三位合伙人同舟共济一步步把真功夫做大。

后来，蔡达标与潘敏峰离婚。离婚后，蔡达标获得潘敏峰持有的 25% 的股权，持股达到了 50%。自此之后，真功夫形成了潘宇海与蔡达标二人 50%：50% 的持股局面。即使后来引入了投资基金，两人的股权比例依然是 47% ：47%。

在股权均分的背景下，一方面作为运营的主角，蔡达标渴望实现对公司的控制权；另一方面作为创始人，潘宇海并未认可蔡达标在真功夫公司运营中的价值。因此，当蔡达标找到潘宇海协商调整持股比例时，两位大股东并未达成共识。

在控制权的博弈下，蔡达标开始着手"去家族化"改革，从很多知名餐饮连锁企业请来众多职业经理人，代替真功夫多位与潘宇海关系密切的中高层。同时，通过收购直接和间接持有的股权反超潘宇海，成为第一大股东，这些举动使得潘宇海逐渐被边缘化，引起了潘氏姐弟的强烈不满。

最终，两位股东之间的矛盾爆发。潘敏峰、潘宇海相继将蔡达标告上法庭，蔡达标因从真功夫公司或侵占或挪用资金 3 000 多万元，被警方以"职务侵占罪和挪用资金罪"的名义带走，被判 14 年，股东纠纷暂告段落。经过这一番股权变更，真功夫错失了其企业发展的良机，最终未能发展成为世界级的连锁快餐企业。

很多人认为真功夫内斗是因为家族企业导致的，其实，真功夫的问题不在于家族企业，而在于股权结构。家族矛盾只是加剧了股权结构不合理所导致的矛盾。真功夫的股权结构是均分，如果股东意见一致还好，不一致的话很难达成有效的决议，股东都希望加大自身的话语权时，极易产生股权纠纷。

事实上，每个股东对公司的贡献是不同的，如果股权比例对等，就意味着股东贡献与股权比例不匹配。这种不匹配到了一定程度，就会引起股东的矛盾。另外，这种股权结构如果没有核心股东，也会容易引起股东的矛盾。真功夫股东之间意见不统一，存在不信任合作，最终导致激烈冲突。

5.1.2 海底捞破局之道

均分股权是股权分配最差的一种，那么对于已经采取均分股权模式的公司，该如何进行操作来避免这种模式带来的劣势呢？

海底捞是一家直营的餐饮民营企业，到 2020 年，海底捞已经走过了二十六个年头，在这期间，海底捞的几经波折、最终成为一家大型餐饮企业。它的成功企业经营经验，与其股权架构的调整是分不开的。

海底捞的创始人有四个，海底捞创建时，四个人在公司的地位都是一样的，相当于股权均分。后来，这四位两两结成夫妻，两对夫妻各自占股 50%，这一阶段，海底捞股权就成为两家合伙均分。

之后，四人中的张勇先生在企业的管理中相对强势，逐渐参与更多的企业事务的处理。张勇先生认为另外 3 个股东跟不上企业的飞速发展，先后让他们离开企业。张勇先让自己的太太辞职。2004 年让施永宏的太太也离开企业；2007 年，张勇让施永宏下岗，并以原始出资额的价格，从施永宏夫妇的手中购买了 18% 的股权，最终使自己成为海底捞的绝对控股股东。

对于此次股权调整，股东施永宏曾说："不同意能怎么办，一直是他说了算……后来我想通了，股份虽然少了，同时也清闲了。还有他是大股东，对公司就会更操心，公司发展更好。"

在海底捞起初均分模式下，由于张勇先生作为核心股东的强势控制和股东施永宏先生的大度忍让下，海底捞解决了不理想的股权结构问题。股权结构变化如图 5-1 所示。

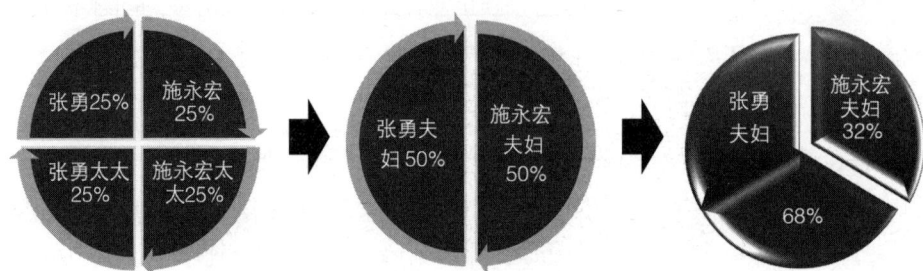

图 5-1　调整均分模式

随着股权架构搭建的相对完善，海底捞在之后的经营和发展中虽然遇见了许多困难和风浪，但是凭借张勇先生的强势决策和股东的配合，找到了解决困难的办法，帮助海底捞顺利度过了风险，逐渐发展成为全国连锁的餐饮集团。

截止到 2018 年 11 月，海底捞集团完成了火锅餐饮行业全产业链的布局：火锅店、调味品、食材、供应链、技术、装修、人力资源。其中，火锅店海底捞和调味品颐海国际已经成功上市。

虽然，并不是所有的公司在股权分配上都能够做到向海底捞的模式转变，但是，为了整个企业的发展，其股权架构的搭建一定要科学合理。如果出现股权均分发生项目僵持的情况，建议股权的持有者进行股权的重新分配，由一方收回股权，重现对企业的经营管理权利进行划分。

所以，在已经实行股权均分的企业中，需要对股权进行再次的划分，将股权进行重新分配，以便寻找到更为科学合理的股权分配方法实现企业的飞速发展。

5.1.3 Facebook 的 "领头人"

Facebook 创始合伙人之间是这样分配股权的：马克·扎克伯格 65%，爱德华多·萨维林 30%，达斯汀·莫斯科维茨 5%。

马克·扎克伯格是 Facebook 的开发者，也是一个意志坚定的领导者，因此占据了公司 65% 的股权。爱德华多·萨维林懂得如何通过产品盈利，而达斯汀·莫斯科维茨则懂得如何吸引更多的用户。

Facebook 创始之初的股权分配是没有问题的，但是在后续发展过程中出现了一个小插曲，因此股权分配发生了变动。由于爱德华多·萨维林不愿意放弃学业将全部精力投入公司，而他又占有 30% 的股份，于是在创业合伙人不断加入时，就只能减少爱德华多·萨维林的股份。当爱德华多·萨维林的股份减少到 10% 时，一气之下将公司的账号冻结，与昔日的创业伙伴反目成仇。

爱德华多·萨维林和昔日伙伴走上了法庭。萨维林认为自己可以通过广告营销手段为公司赚钱，但马克·扎克伯格认为让网站有趣比赚钱更重要，为此必须全力以赴的投入。后来，萨维林得到了约 5% 的 Facebook 股权（如今市值超过 25 亿美元）并签订了保密协议。至此，这一段股权纠纷得到了最终解决。

马克·扎克伯格减少爱德华多·萨维林股份的做法是对的，一方面合伙人理念不合，必须有一个领头人；另一方面贡献少，股份就一定不能太多。与此同时，马克·扎克伯格意识到天使投资可以帮助企业把产品和商业模式稳定下来，于是开始寻找天使投资。

马克·扎克伯格通过朋友关系认识了天使投资者彼得·泰尔，拿到了他的 50 万美元天使投资。而彼得·泰尔获得了 Facebook 10% 的股份。不到一年，Facebook 拿到了 A 轮融资——阿克塞尔公司投资的 1 270 万美元，市场估值 1 亿美元。2012 年，创立 8 年的 Facebook 在纳斯达克公开上市。

Facebook 在上市时使用了投票权 1∶10 的 AB 股模式，创始人马克·扎克伯格一人拥有 28.2% 的表决权。此外，扎克伯格还和主要股东签订了表决权代理协议，在特定情况下，扎克伯格可代表这些股东行使表决权，这意味着他掌握了 56.9% 的表决权。

Facebook 的股权架构确保了创始人掌控企业，保证了企业的长远利益。如图 5-2 所示。

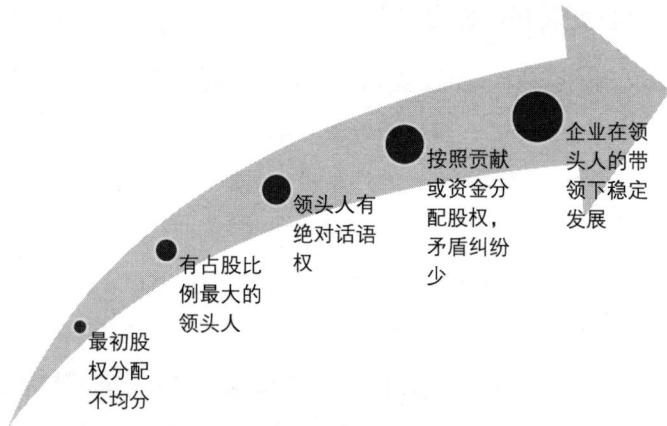

最初股权分配不均分

有占股比例最大的领头人

领头人有绝对话语权

按照贡献或资金分配股权，矛盾纠纷少

企业在领头人的带领下稳定发展

图 5-2   股权不均分的优点

Facebook 的案例表明，企业要想稳定经营，必须有一个占据最大股权比例的领头人。当未来融资给投资者分配股权后，领头人依然应当占有最大比例的股权，拥有绝对控制权。

5.1.4   阿里巴巴新合伙人股权预留

企业在发展的过程中，会不断招揽新人。同样，企业在创业过程中，也会有新的合伙人加入，形成新的公司经营管理模式。这时，新合伙人的股权问题就成为公司急需解决的问题。

所以，在企业创立初期，就要考虑好这一方面的问题，解决的方法就是为新的合伙人预留出股份。

合伙人的加入代表着公司新鲜血液的注入，能够在一定程度上为企业的发展和经营带来新的方向和转变，所以，企业需要做好合伙人的股权变动或分配工作。

2015 年 12 月，阿里巴巴集团宣布了一个重大消息：阿里巴巴集团的合伙人将新增四位，这四位分别是阿里移动事业群总裁及阿里巴巴总裁俞永福、阿里巴巴集团副 CFO 郑俊芳、蚂蚁金服集团财务与客户资金部总经理赵颖以及阿里巴巴农村淘宝总经理孙利军。这四位合伙人的加入让阿里巴巴集团的股权架构出现了新的变动，也使阿里巴巴的业务有了新的发展。

阿里巴巴的股份随着新合伙人的加入有了新的变动，在其企业的发展和建构中股权的划分有清晰的规章和制度要求，所以，阿里巴巴能够对新合伙人的加入有较好的安排。这是针对大企业的股权架构的分配原则。

对于中小企业的创业者而言，需要企业在前期就能够预先准备好充足的股权份额，这样才能够在后期人才招揽时，拥有相对明显的优势。这样一来，一方面能够看出企业对人才的重视，另一方面，也能够看出企业有发展壮大的规划，企业的发展就会更上一层。

相反，如果未能够在前期预留出股权份额，而是将企业的全部股权划分完毕，就会影响到新合伙的合作意向，另外，如果从其他的股东手中收回股权，不仅会费时费力，还会影响到原来股东的既有权利，对企业造成消极的影响。

所以，为了企业在未来的发展中能够招揽到更多的人才，或者是获得更大的发展空间，中小企业需要在前期的经营中，预留出股权份额，为其今后的发展提供成长的机会。

5.1.5　初创企业股权分配方法

从对真功夫、海底捞、Facebook 和阿里巴巴的股权分配案例分析后，为初创企业介绍进行较为合理股权分配的方法，如图 5-3 所示。

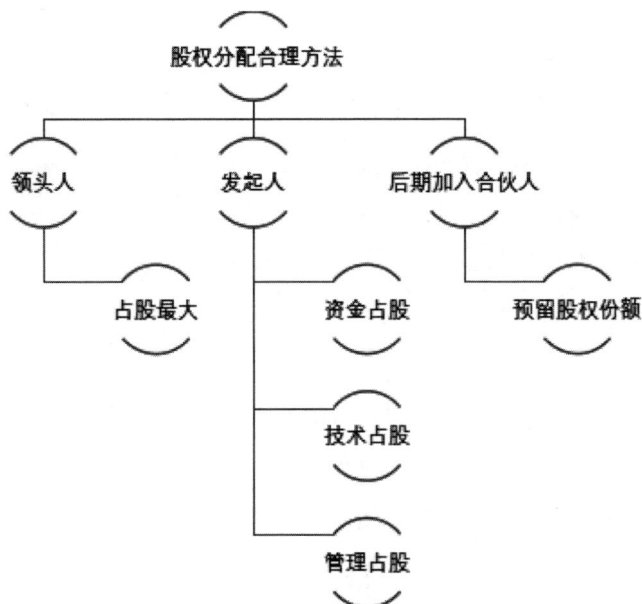

图 5-3　合伙人股权分配的合理方法

这种股权分配安排方案将股权分配进行了结构性的安排。根据三个部分：领头人、发起人、后期合伙人合理地分配股权。

领头人占股最大，具有绝对控制权，一般都是创始人身份，即以CEO身份独占具有控制权的股权份额。在创业项目发起时，CEO往往是创意的来源，是创业项目的牵头人。创始人对自己的创业项目最具有使命感，这样的人如苹果的乔布斯、Facebook的扎克伯格。在比例上，参考值为25%，根据早期发起人的多少，可上下浮动10%。

发起人身份应当获得的股权比例低于创始人身份。发起人身份股权应当是均分的，最好以公平为原则进行分配。一起创业的各个合伙人，应无论职务大小、出资多少，一律平均获得该配额的股权分配。发起人身份股比例一般为10%左右。

全职发起人中如果提供现金或者渠道资源等可以获得额外股权。这里没有包括外部的天使或种子投资。这部分股权比例的额度应当按照发起人实际出资比例进行分配，这部分股权比例应不超过20%。

发起人如果技术上占有优势或者所在的管理岗位，能给企业带来的预期业绩贡献。只有全职创业的发起人才能够获取这部分股权，该部分比例一般为10% ~ 30%。根据发起人职位和企业业务导向，确定发起人的各自比例，可以在均分原则上进行浮动调整。

为新的合伙人预留出股份，可以为企业的未来发展带来新鲜血液；该部分比例一般为10%左右。

这种股权分配方案是比较合理的，既避免了传统股权架构分配中让出资比例决定股权比例的弊端，又对新合伙人的加入有了良好的安排，有利于企业的长期发展。

在这个合伙创业的新时代，创始人需要可以共同打市场的合伙人。如果股权架构的基础打不好，可能需要付出很大的代价来纠正这一错误。有时候，这种错误导致的结果甚至是无法挽救的。所以，合理分配合伙人之间的股权，做好初创公司的股权架构。之后，合伙人、投资者以及员工都会主动找上门来。

5.2　股权成熟和股权锁定

股权成熟和股权锁定关系到投资者和创始人之间利益关系处理问题，并涉及投资协议条款。

5.2.1　企业内部的股权成熟

股权成熟是指创始人的股权分四年成熟，每年成熟 25%，如果创始人中途离开或者被解职，未成熟股权将会以 1 元或者最低价格转让给投资者和其余创始人。股权成熟可以防止创始人突然从公司离开而带走大部分股权的情况发生。

例如，某企业股权结构为：A 联合创始人 50%，B 联合创始人 30%，C 投资者 20%。

A 一年后离开，则：

成熟股权为 50% ×（2÷4）=25%

未成熟股权为 50%−25%=25%

股权成熟涉及 CEO、COO 等创业者管理层分配到的股权。比如说，COO 分配了企业 30% 的股权，最初的时候信心十足，决心把事情做好，把企业做到上市。结果，一年之后，COO 被其他大公司挖走了，不干了。如果企业最终没有做成，这位出走的 COO 一定回来要求退出分钱；如果企业做成了，估值两个亿，这位出走的 COO 不贡献却占有 20% 的股份，这种情况会造成不公平。

所以说，股权成熟权就诞生了。在投资协议里，股权成熟权通常表述为"创始人同意，只要创始人持续全职为企业工作，其所持有的全部企业股权自本协议生效之日起分 4 年成熟，每满两年成熟 50%。如果从交割日起 4 年内创始人从公司离职（不包括因为不可抗力离职的情况），创始人应以 1 元人民币的象征性价格或法律允许的最低转让价格将其未释放的股权转让给投资者或投资者指定的主体。"

设立股权成熟权对创业企业有两个好处。第一个是公平，毕竟有付出才有收获，坐享其成是不被允许的。第二个是有利于创业企业吸引新的人才。如果你不做 COO，企业自然要找别人做 COO。如果人家看到企业的股权都已经分配完，而且前 COO 还占有那么多股份，人家就不会愿意进来。所以，这种情况需要由股权成熟权来把控大局。

投资者对创业企业的投资本身就包括了对创始人的投资，因此投资者倾向于设立股权成熟权也是无可厚非的。滴滴出行的天使投资者王刚是这样评价股权成熟权的："投资者的投资，其实就是买创始人的时间。"事实就是如此，如果你决定创业融资，本就应当有将全部时间和精力花费在企业上的觉悟。另外，股权成熟权并不影响创始人的分红权、表决权和其他相关权益，所以你应当在融资之前做好设立股权成熟权的准备。

5.2.2　企业内部的股权锁定

股权锁定条款是常用的投资协议条款之一。股权锁定条款是指创始人未经全部或部分特定投资者许可，不能在企业上市前转让自己的股权。对投资者来说，股权锁定可以有效防止创始人抛售股权出走。与股权成熟条款类似，股权锁定条款也是为了稳住创始人。

在签订投资协议时候，需要注意股权锁定条款的制约细节。以防创始人被该条款悲剧绑定。

吕某和刘某一起创立一家电商企业，为了拿到投资者的巨额投资，没有融资经验的吕某和刘某在没有经过充分考虑的情况下就签订了投资协议。然而随着合作上的矛盾越来越多，吕某写了辞职信，决定将自己的股份转让，然后通过二次创业实现自己的梦想。

但由于融资的时候，吕某签字同意的投资协议中包含股权锁定条款。吕某无法转让自己的股份，除非等到企业上市。然而，这家电商企业在激烈的市场竞争下，上市前景可以说是遥遥无期。

另外，投资协议中还有竞业禁止条款，要求吕某从离开企业开始直到不再持有企业股权两年之后不能从事电子商务业务，这对吕某的打击是致命的。吕某重新启动的业务一直担心业务范围会触犯到竞业禁止的电子商务红线。

股权锁定条款通常约定未经全部或部分特定投资者许可，创始人在企业公开发行上市前不得转让自己的股权。竞业禁止条款，通常约定企业的管理团队和核心技术人员离职后两年内，或在不再持有企业股权之日起两年内，不得从事与创业企业相竞争的业务。

吕某因对条款的无知和疏忽签下的竞业禁止条款让他付出了巨大的代价，如果签订投资协议时，吕某自己了解一下股权锁定的风险，并寻求一下专业人士的意见，将条款中的锁定期限也许会适当缩短，竞业范围明确限度。其境况也不至于如此尴尬。

因此，股权锁定条款，对于投资者来说，可以保护他们的利益，几乎所有的投资者都会要求这一条款；但对于创业者来说，由于存在着未来的绑定风险，在签订的时候，需要提前了解其细节限制，与投资者协商沟通，制定出对双方都有利的股权锁定协议。

5.3 员工激励池

作为企业创始人，应当从建立企业第一天起就认识到员工激励池的重要意义，并在此基础上考虑如何制订激励池计划。激励池是一种企业人才策略，通过让激励对象获得期权、股权或者相应经济收益的方式使他们与公司利益保持一致，从而为企业的长期发展积极主动的努力工作，并根据贡献分享企业的成长收益。

5.3.1 激励池优势

创业企业做员工激励池有三个目的：第一，让企业员工和企业的长期利益保持一致，避免或者减少员工在做决策时存在私心；第二，让所有员工都享受到企业的价值增长，鼓舞企业士气；第三，根据风险与收益相匹配原则，为企业付出越多的员工理应获得越多的权益激励。其优势如图 5-4 所示。

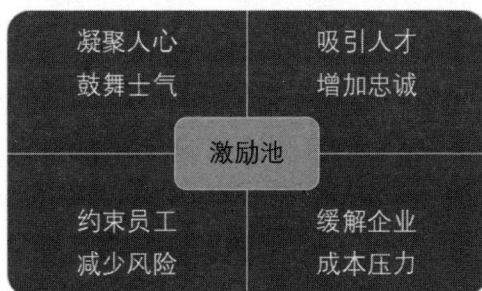

凝聚人心
鼓舞士气

吸引人才
增加忠诚

激励池

约束员工
减少风险

缓解企业
成本压力

图 5-4 激励池优势

1. 凝聚人心、鼓舞士气

不论采取哪一种激励池计划，都可以把员工和企业的利益联系在一起，让员工实现从员工身份到股东身份的转换。在这种情况下，员工会积极发挥"主人翁"的积极主动性，一起努力协作工作，最终直接可以享受到企业的增值发展，一荣俱荣，一损俱损。

2. 吸引人才、增加忠诚

如果激励池计划实施得当，不仅企业的原有人才会对企业更加忠诚，外部人才也会在企业激励的诱惑下不断加入。重点是企业激励池计划是否留下了充足的想象空间。

3. 约束员工、减少风险

获得企业激励如股权激励不是天上掉馅饼，要获得相关权益是有一定限制条件的。一般来说，期权或股权激励的限制条件有员工的服务期限、禁止从业竞争等。其限制条件可以约束员工未来可能存在的损害企业利益的行为。一旦员工违反了限制条件，可能会损失相应的权益激励。

4. 缓解企业成本压力

比如早期的创业企业，由于资金有限，无法用高薪留住重要人才，就只能用股权吸引。而一家资金充裕的成熟企业，完全可以用高薪高福利吸引人才，根本不会用到太多股权。

以上四点是激励池的核心优势，它符合通用的商业逻辑。企业获得投资后，投资机构一般都会要求企业实施股权或期权激励计划，把员工和企业利益捆绑。这也是融资过程中专业投资者的常见要求。

5.3.2　激励池计划

激励池计划目前有两种常见的类型，一是期权激励，二是限制性股权激励，如图 5-5 所示。

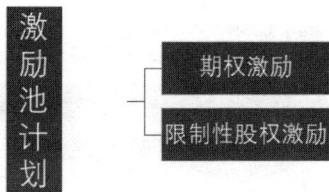

图 5-5　激励池计划的常见类型

1. 期权激励

期权是指满足一定的条件时，企业员工将来以事先约定好的价格购买企业股权的权利。拿到了期权不等于拿到了股权，因为只有达到约定条件，比如达到工作期限或业绩指标，且员工看好企业前景花钱行权后才能真正取得股权。

员工期权的逻辑是让员工未来低价买入公司的股权，并因此长期为企业服务从而让手里的期权升值。

员工期权有两个特征：一是员工买入股权的价格低。为了激励员工，企业给员工发放期权时参照的是低于企业当时估值的价格，所以员工未来买入股权的时候本身就可以赚取差价；二是员工获得期权后拥有了分享企业成长收益的机会。员工手里期权代表着未来收益，需要员工长期为企业服务来实现股权的升值。因此期权协议为员工提供了一个分享企业成长收益的机会。

员工期权激励的步骤：第一步是授予，即企业与员工签订期权协议，约定好员工获得期权的基本条件；第二步是成熟，即员工达到约定条件，比如完成工作业绩指标、达到四年服务期限等，至此获得以约定价格购买股票的权利；第三步是行权，员工需要按照预先约定的价格购买股票，将期权变成真正的股票；第四步是变现，即员工拿到股票后通过分红、分配公司被并购价款或者在市场公开交易等方式分享企业成长收益。

了解了员工期权的逻辑和步骤之后，如何制订相应的期权激励计划呢？方法如图 5-6 所示。

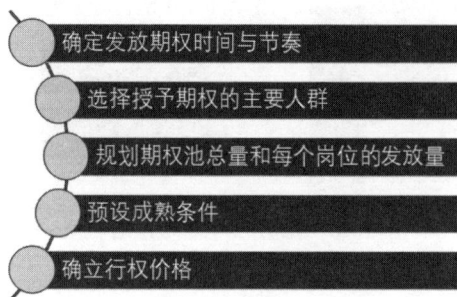

图 5-6　期权激励计划的制订方法

（1）确定发放期权时间与节奏

发放期权时间与节奏是有讲究的。比如对于创业团队的核心人员发放期权经过磨合期最佳；对于非核心团队层面的普通员工，等企业发展到一定规模时再发放最佳；而对于后续进入企业的人才，也需要预留足够的期权。

因为期权激励的成本高，如果急于在企业初始阶段发放期权，要想取得成效，就需要花费较高的成本。如果只是给员工非常少的期权，员工还会认为企业不重视他们，会适得其反。

在制订期权激励计划的时候，节奏与进度非常重要，这决定了企业对内部人才的管理以及对外来人才的吸引力。

（2）选择授予期权的主要人群

期权激励的主要人群应当为创业合伙人、公司管理层、核心员工等。对创业合伙人来说，期权可以调整早期股权分配不合理的问题。中高层管理人员和核心员工是企业授予期权的主要人群。

（3）规划期权池总量和每个岗位的发放量

期权池是指创业企业预留期权的总量。创业企业的期权池一般在 10% 至 20% 之间，互联网企业的期权池比其他行业要更大一些。具体到每个项目，需要考虑企业本身的成长规模、成长阶段和估值差异等。

另外，期权池的设立还必须考虑早期创业团队的人员完整性。团队中缺失的关键人员越多，需要设立的期权池就越大，因为你需要用股权来招聘更多的优秀人才。因此，如果团队本身不够完整，那么创业者要设置更大的期权池。

确定期权池总量后，还需要规划每个岗位的期权发放量。在规划岗位期权发放量时，可以先按照部门分配，然后再具体到每一个岗位。同一个岗位进入企业的时间不同，授予期权的多少也应当不一样。

经纬中国合伙人邵亦波分享过他创办易趣公司时期权发放的标准。比如，对于 VP（副总裁）级别的管理人员，如果是天使轮融资之前进入企业的，发放 2% 到 5% 期权；如果是 A 轮融资前后进入企业的，发放 1% 到 2% 期权；如果是 C 轮或接近 IPO 时进入企业的，发放 0.2% 到 0.5% 期权。对于核心管理人员，包括 CTO（首席信息官）、CFO（首席财务官）等，可以参照 VP 的 2 至 3 倍发放。如果是总监级别的人员，参照 VP 的 50% 或者 30% 发放。

（4）预设成熟条件

成熟条件指员工行权需要满足的条件。常见的成熟条件是时间成熟机制，即员工满足一定的服务期限后可以行权。

第一种是 4 年成熟期，每年兑现 25%；第二种是满两年后成熟 50%，以后每年兑现 25%，四年全部兑现；第三种是第一年兑现 10%，以后每一年兑现 30%，四年全部兑现。

（5）确立行权价格

通过期权激励方式获得股权不是免费的，员工需要根据事先约定好的价格购买股票。与投资者购买股权不同的是，员工行权购买股票只需要支付很少的钱。

一般情况下，期权的行权价格是企业股权公平市场价值的折扣价，所以员工在行权之后便可以享受增值收益。也正因为这样，员工才对行权有非常高的积极性。

创业企业设计股权激励计划时，不仅要考虑发放机制，还要考虑退出机制。另外，提前约定好员工离职时已行使期权的处理可以避免在员工离职时出现不必要的纠纷。

2. 限制性股权激励

限制性股权是指企业直接授予激励对象一定数量的本企业股票，激励对象需要满足工作年限或业绩目标等设定条件才能在市场上出售股票。期权激励与限制性股权激励的区别如表 5-7 所示。

表 5-7　期权激励与限制性股权激励的区别

激励方式	定义	适用对象	特征
期权	指赋予员工未来获得企业股权的期待权利，企业员工满足条件后可以行使期权，以事先约定好的价格购买企业相应股权，从而取得股权	大范围的企业员工	逐步推进，有利于企业稳定
限制性股权	指直接赋予激励对象设有多种权力限制的股权	小范围的合伙人、高管、早期骨干人员	激励对象直接成为受益人，但立即导致股权分散

限制性股权有两个特点：一是激励对象直接获得企业可流通的股票；二是激励对象出售股票有限制条件，包括工作年限、完成业绩目标等。

限制性股权涉及的概念比较多，包括有效期、授予日、禁售期、解锁条件等。

有效期是指限制性股权自授予之日起至当期发放的全部限制性股权解锁回购完毕之日止，大多为 3 至 10 年。

授予日即交易日，是指企业将限制性股权授予给激励对象的日期。

禁售期即锁定期，是指限制性股权在授予后不能转让、用于担保或者偿还债务的限制时间，一般为一年，也有两年、三年的。也就是说，限制性股权持有者可以在禁售期过后开始申请解锁。

解锁期是指禁售期过后，激励对象通过达到一定条件申请解除股票限售的时间段，分为一次解锁和分批解锁。激励对象持有的全部限制性股票适用统一锁定期的，锁定期到期后即可全部一次性解锁。适用不同锁定期的，对应各批次分批解锁。

2019 年 7 月 22 日，小米首次上榜《财富》世界 500 强公司排行榜，并成为全球最年轻的世界 500 强公司。创始人雷军先生发内部信庆贺并赠予每位小米员工 1 000 股小米集团股票。

随后，小米集团 HR 管理平台发布邮件介绍股票授予细节："本次限制性股票单位归属期为 1 年，必须在员工接受授予（签署协议）后才能生效，且归属日当日（2020 年 7 月 19 日）仍须在职才能获得相应的股票。员工若在归属期内离职，被授予的限制性股票单位将自动失效。"

可见，限制性股票无须现金付出，但持有该股票有严格的归属期、授予日、锁定期等条件限制，这些限制条件可激励员工将时间和精力集中于公司长期战略目标上。

第 6 章

前期融资：方式不同，
技巧不同

创业者前期进行的融资方式主要有四种，分别为天使投资，股权众筹，风险投资，PE 投资。为了加深投资者的好感，创业者需要根据企业的融资战略匹配适合的融资方式。

6.1 天使投资：如何把握住首个"救星"

对创业者来说，天使投资者就是"天使"一般的存在，因为他们总是在仅仅只有一个想法的时候就全力支持创业者。本节讲述如何快速俘获"天使"的心。

6.1.1 天使投资适合什么样的企业

如果企业具备如图 6-1 所示的几个特征，那么企业需要的是天使投资者，企业所进行的是天使轮融资。

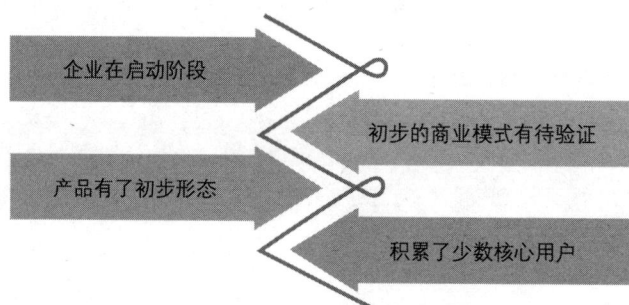

图 6-1　需要天使投资者的企业

天使投资者的投资对象常常是一些尚处于构思状态的原创项目或者小型初创企业，有时即便是一个创业构思，但只要有发展潜力，就能获得资金。

一般来说，在产品和业务还没有成形的时候，天使投资者就会把资金投入进来，他们做决定的时候非常看重创业团队。也就是说，如果他们对创业者的能力和创意深信不疑，就会愿意向创业者提供帮助，但通常投资的金额较小，一般为几百万元不等。

SERO 是全球第一个隐私保护技术支持的智能平台。在 SERO 项目启动初期，其三位联合创始人尚在知名的互联网公司工作，他们共同有一个解决用户隐私痛点的创业构思。经同行业朋友推荐，与知名投资机构 IDG 首位荣誉合伙人章苏阳先生沟通后，章苏阳先生对这个构思和三位联合创始人技术背景十分看好，以天使人身份投资 100 万元，三位联合创始人获得天使投资后，立刻全部投入该项目的运行，迅速组建并发展成为隐私保护技术的高科技企业。章苏阳先生也因此获得了成功的天使投资回报。

天使投资者对回报的期望值在 10 到 20 倍之间，因为他们一般会在一个行业同时投资 10 个以上的项目，不过最后只有一两个可能会成功，所以 10 倍以上的回报才能有效分担风险。

天使投资者大多是有一定财富积累的企业家、成功创业者、VC 等，他们在投资后积极为企业提供战略规划、人才、公关、人际关系资源等增值服务，是早期创业者的重要支柱。

2019 年 5 月 17 日，瑞幸咖啡成功在美国纳斯达克上市，其创造的最快上市纪录让人瞠目结舌。

实际上，在瑞幸咖啡 CEO 钱治亚从神州辞职创业，决定做出一个新的咖啡品牌打败星巴克时，她的老板、神州优车董事长陆正耀不仅非常理解，而且"鼎力相助，为她打 call"。

2018 年 6 月，瑞幸咖啡的天使轮融资（金额为 1.899 亿美元）就来自陆正耀旗下公司的投资。不仅如此，在瑞幸咖啡创立最初期，陆正耀还把神州优车位于北京大钟寺的总部划出一块来租给钱治亚，帮助她速度迅速占领咖啡市场。

可见，瑞幸咖啡快速成功上市的原因很大一部分来自其天使投资者在创立初期给予的重要支持，例如，资金，人际关系资源、创业支持、场地、各种优厚待遇等。

天使投资往往是一种参与性投资，也被称为增值型投资，投资后，天使投资者会积极参与被投公司的战略决策和战略设计，并为其提供咨询服务、设计营销方案等。

纽约游戏公司 OMGPOP 创始人查尔斯·福曼 (Charles Forman) 非常幸运地拿到了"硅谷教父"罗恩·康威 (Ron Conway) 的投资。当 OMGPOP 一次次面临破产时，罗恩·康威不仅提供资金支持，还四处寻求让公司从危机中走出的方法，并给予创业团队信心。

最终的结果非常明显，OMGPOP 推出 Draw Something（你画我猜）社交游戏，一夜爆红，并成功以 2 亿美元的价格出售给 Zynga，创始团队与罗恩·康威都拿到了相当可观的回报。

最后需要注意的是，天使投资有各种各样的模式，主要包括天使投资者、天使投资团队、天使投资基金、孵化器型天使投资、平台型天使投资等。

6.1.2　如何与天使投资接触

如果你已经确定企业处于天使融资阶段，那下一步就是采用合理的技巧主动出击，接触合适的天使投资者，具体可以从以下 3 个方面着手，如图 6-2 所示。

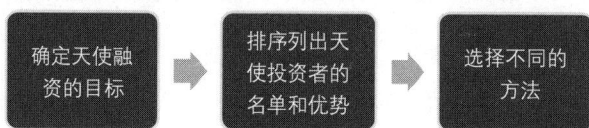

图 6-2　有策略的接触天使投资圈

1. 确定天使融资的目标

接触投资者的优先级顺序与当前的融资目标有直接关系，所以必须根据目标来调整接触投资者的优先级顺序，这样可以缩短在接触投资者方面耗费的时间和精力。

如果你的目标是获得更多资金，那么就要扩大接触投资者的范围，因为接触的天使投资者越多，实现这一目标的可能性就越大；如果你的目标是获得资源和背书，那么只需要接触少数几个具有高度战略意义的天使投资者就可以。

2. 排序列出天使投资者名单和优势

创业者根据目标首先收集尽可能齐全的天使投资者名单，名单来源可以从两个方面入手：一是人际亲密度名单；二是名声公开在外的投资者名单。

人际亲密度名单聚焦自己人际关系圈内外的可能对自己项目感兴趣的投资者，例如，亲戚、校友、同行、同事、朋友、已经成功的创业者等。

美国著名实业家、超级资本家以及美孚石油公司创始人约翰·D·洛克菲勒（John D. Rockefeller）在 17 岁的时候与同学莫里斯·克拉克(Maurice Clark)联合创立了农产品贸易公司，该公司的启动资金问题就是依靠亲人才得以顺利解决。

要获得名声公开在外的投资者名单，可以在网络上搜索相应的关键字和成功案例。例如，通过百度搜索"2019 年中国天使投资者 TOP30 榜单"，就可以找到潜在的天使投资者。

收集天使投资者名单以后，我们还需要根据他们各自的优势列出接触顺序，而判断优势的因素有很多，包括亲密度、可以为项目提供的资源、在创投圈的地位以及投资历史等，如表 6-1 所示。

表 6-1　接触天使投资者的顺序表

顺序	投资者	亲密度	资源	地位	历史
1	某投资者	清华校友（举例）	人际关系	高校知名天使基金	成功投资某校友
…	…	…	…	…	…
n	某投资者	创业圈推荐（举例）	孵化支持、媒体支持等	天使投资 TOP10	成功投资某知名公司

3. 选择不同的方法

接触天使投资者的顺序表出来之后，就可以以此为基础选择不同的接触方法。一般来说，有以下 4 个常用方法可以增加天使投资者对项目和企业的好感。

（1）通过可靠第三方推荐

不管是家人、朋友还是同事，都有可能认识天使投资者，只要他们信任你，就会愿意把你推荐给他们认识的天使投资者。对于投资者来说，如果推荐你的恰好是他的熟人，他会更愿意投资，这就是信任背书的力量。

拼多多创始人黄峥通过第三方推荐——丁磊认识了重要投资者段永平，最终用了不到 3 年的时间顺利上市。可以想到，如果没有丁磊这个第三方，拼多多很可能不会迅速取得成功。

（2）报名参加创业孵化器路演

创业孵化器的主要作用是为初创企业提供免费或廉价的办公场地、设备、甚至是咨询意见和资金。创业者通过报名参加路演，可以见到很多大众创业导师、天使投资者，而且还有机会与这些专业人士深入交流、探讨项目。

（3）在社交平台发布融资信息

运用社交平台来经营人际关系是一种最常见的方式，微信、微博就是一个很好的出发点，它们可以展示出众多的关系网络，例如，公众号，朋友圈，评论、超级话题等。

此外，我们还可以在搜索引擎上寻找投资者的线索，例如，谷歌、百度、搜狐等，利用这些基本的搜索引擎可以找到众多投资者的网站信息，或者融资平台。

（4）专业融资服务机构

在硅谷，有些人喜欢 Ron Conway（罗恩·科威）、Jeff Clavier（杰夫·克拉维尔）、Mike Maples（迈克·梅普尔斯）这样的知名投资者；在中国，也有张野、祁玉伟、陈向明、徐小平这些响当当的天使投资者。

可以说，投资者遍布世界的每一个角落，他们其中有些曾经创办过企业，然后又将企业卖出，手里有些资金的资深创业者们，又有些投资领域的专业投资者，还有一些是投资基金的创始人。

当创业者通过上述方法找到并接触投资者之后，应该在第一时间针对他们的声誉做一些功课。因为他们在未来很可能会成为你的合作伙伴，同时也很可能成为你创业团队中的一员。

6.1.3　SOOMLA 寻找"天使"的经验

SOOMLA 是一家致力于为移动游戏提供应用内支付方案的企业，Yaniv Nizan（雅尼夫·尼赞）是该企业的联合创始人兼 CEO。

刚开始时，雅尼夫·尼赞的融资经历非常艰辛，但即使如此，他还是吸引到了七位天使投资者的注意。下面分享雅尼夫·尼赞吸引天使投资者的经验，如图 6-3 所示。

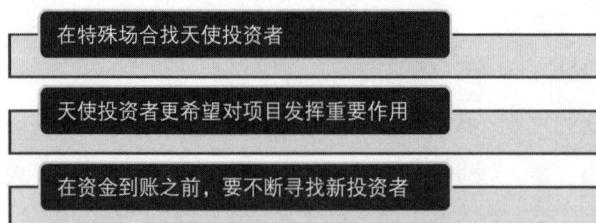

在特殊场合找天使投资者

天使投资者更希望对项目发挥重要作用

在资金到账之前，要不断寻找新投资者

图 6-3　雅尼夫·尼赞寻找天使投资者的经验

1. 在特殊场合找天使投资者

与风险投资者的高调不同，大多数天使投资者都很低调。因为他们不仅要充当天使投资者的角色，还常常以全职工作者的身份出现，包括创始人、CEO、高管等。

雅尼夫·尼赞是在特殊场合找到潜在天使投资者的。比如，面试的时候、游泳的时候，还有送女儿去上学的时候。有一次，朋友为雅尼夫·尼赞引荐了一位天使投资者，过了很久他才发现与这位天使投资者打过照面，只是没有留意。

2. 天使投资者更希望对项目发挥重要作用

雅尼夫·尼赞本以为找到天使投资者就意味着融资没有问题了，结果不是，因为当他提出让一位天使投资者给自己的企业投资时，这位天使投资者毫不留情地拒绝了。

后来，雅尼夫·尼赞才知道，天使投资者不是没钱，也不是担心回报少，而是不希望被看作是财产代理人。于是，雅尼夫·尼赞决定邀请天使投资者担任企业的战略顾问，他给了雅尼夫·尼赞一些不错的点子后，表示愿意投资。

由此可见，天使投资者更渴望被尊重，所以对于创业者来说，让天使投资者与自己共进退，让他们在项目走向成功的道路上发挥强大的作用是十分必要的。

3. 在资金到账之前，要不断寻找新投资者

当雅尼夫·尼赞找到 5 位天使投资者以后，他们分别提出了不同的要求，所以谈判迟迟没有结果。在这种情况下，雅尼夫·尼赞一直没有忽视这 5 位天使投资者投资告吹的风险，并选择继续与新的天使投资者接触，以防发生意外。

最终，雅尼夫·尼赞的策略成功了，一位新的天使投资者对他们非常感兴趣，提出领投这轮融资。确定领投方以后，谈判就很容易搞定了。虽然第一位投资者最终没有参与对 SOOMLA 的投资，但 SOOMLA 认为如果没有第一位投资者，也许就无法找到领投方。

SOOMLA 的融资经验值得创业者借鉴。在创业初期，天使投资者的资金和支持都对企业的生存有重要影响，因此，创业者应当重视天使轮融资，学习这些创业者的成功融资经验。

6.2　股权众筹：低门槛，操作简单、方便

股权众筹是一种多层次资本市场的一部分，为很多有创意、无资金的创业者们提供一种低门槛的融资方式。下面具体讲解股权众筹的要求以及运行流程。

6.2.1　股权众筹的要求

创业者如果想选择股权众筹的融资方式，首先需要满足以下几个要求，如图 6-4 所示。

图 6-4　股权众筹的要求

1. 团队已经搭建完备

参与股权众筹的大多数都是非专业投资者，他们不像专业的天使投资者一样感性，认准了人和创意就全力支持，而是更加看重当前的风险大小和实际情况，包括团队是否完备，项目是否有发展空间、企业是否有足够实力等。

所以，股权众筹对创业团队的要求是已经搭建完备，一个搭建完备的创业团队应当有管理者、技术人员、营销人员、财务人员，如果还有行业经验丰富的资深人士就更好了。

首先，管理者一般是企业的 CEO，通过领导魄力和凝聚力带领团队走向成功；其次，企业的技术优势由技术人员负责；然后，营销人员负责把成熟的产品推向市场卖给用户，为公司赢得好业绩；最后，财务人员负责财务管理和财务控制，保证企业有持续稳定的现金流，能够获得长远发展。

2. 根据成熟度设置合理的融资金额

通过股权众筹平台发起股权众筹的项目非常多，但是不同的项目根据其成熟度的不同，融资金额也应合理设置。

例如，连锁品牌 7 天连锁、汉庭酒店这一类，融资金额一般为 500 万～800 万元；但是如果是初创企业，品牌影响力还没有宣传出来，融资金额的设置要低一些，不可以太高。

通常情况下，初创企业的融资金额在 300 万元以下是比较合理的，融资成功率也更高，毕竟股权众筹也是存在风险的，投资者会根据项目的风险程度以及预期收益确定自己的投资金额。

3. 产品或服务有创意、吸引人

吸引人的产品或服务更容易吸引股权众筹成功融资。例如，2019 年 1 月，文化创意众筹社区平台摩点评选出年度十大众筹项目，其中故宫出版的首款解谜游戏书《谜宫·如意琳琅图籍》的融资金额打破了全球主要众筹平台出版类众筹纪录。

《谜宫·如意琳琅图籍》是故宫出版的首本创意互动解谜书，其创意在于将实体书籍与手机 App 相结合，破解纯正的中国文化元素谜题。

相关数据显示，该项目在摩点上线后打破多项纪录，上线 10 小时，众筹金额破 100 万元；24 小时内，打破中国主流网站出版类众筹金额纪录；上线第 26 天，众筹总金额突破 1 000 万元；第 38 天，突破 2 000 万元大关，打破了全球主要众筹平台出版类众筹纪录。

《谜宫·如意琳琅图籍》众筹项目借助故宫超级 IP，再辅以极具创意的采用解谜游戏互动的方式，将人们对于故宫文化的需求和对于互联网互动的需求很好地结合起来，用文化创意抓住人心，众筹结果的成功是必然的。

4. 股权结构明晰，已有天使投资

股权众筹对公司股权结构的要求是简单明晰、最好创始人有绝对的控股权，这样可以在很大程度上降低风险，防止创始人之间未来出现矛盾的可能性。

另外，项目在股权众筹之前应该就有天使投资，因为天使投资者在无形中为项目做了信任背书，有助于普通投资者在股权众筹过程中对项目作出精准判断。

6.2.2 股权众筹的运作流程

作为企业的一种融资方式，股权众筹有一套完整的运作流程，这个运作流程由 6 个步骤组成。虽然在具体操作时，因为平台不同，步骤会有所变更，但大致相同，如图 6-5 所示：

图 6-5 股权众筹的运作流程

1. 提交项目介绍

股权众筹的第 1 个步骤，就是向平台提交项目介绍，这里需要注意的是，项目介绍其实就相当于商业计划书，可以从其写作要素、展示范围等方面做借鉴和参考。

另外，如果股权众筹不通过平台开展，那发起人所发起的项目角度和详略都是不同的，单个投资者在进行项目浏览和评估时，就会产生眼花缭乱的感觉，不能对项目的精髓作出准确的判断。

所以在撰写和提交项目介绍时，需要将其设计方便于投资者在线浏览，而且还要满足便于传播的要求。

2. 平台审核

提交项目后，股权众筹平台会对其进行审核，使用的方式主要有创业团队约谈、尽职调查等，这样有利于科学、系统地筛选项目，进而找到那些符合要求的优质项目。

平台除了审核项目的可行性、合法性之外，都有自己筛选项目的特定条件。以牛投网为例，其审核项目的特定条件有 4 个：

（1）如果项目由外部优秀风险投资机构或知名天使者领投，那么创业者只要接受牛投网的投资协议，就可以进行股权众筹。

（2）如果创业项目由牛投网认可的投资机构或投资者领投，而且接受牛投网的投资协议，那么该项目可以进行股权众筹。

（3）在黑马会、黑马学院历次大赛、路演、分享、课堂上展现出来，被黑马社群导师、评委、投资者认可，经过牛投网团队或黑马资本团队撮合交易、确定合格领投的明星级项目。

（4）牛投网投资团队在外部获取的、经过合格领投人或专业投资机构判断的、具备良好投资价值的项目。

通过平台审核以后，创业者就可以发布相关信息，并与投资者进行进一步沟通和交流。

3. 发起融资

众筹平台在审核完项目后，创业者就可以发布项目的融资信息。通常，在进行商业融资时，项目的融资信息会在其中发挥着重要作用，如果设置合理的话，可以让项目吸引更多投资者的关注。

一般来说，项目的融资信息主要包括融资金额（根据产品的生产情况来设定）；众筹周期（最好设定为 1 个月）；项目包装（制作一些精美的 PPT 或者视频）；回报形式（保证多样化）。

4. 项目推介和投资

项目推介和投资包括线上启动、线上路演、确定领投人和跟投人、签订投资条款清单、签订投资协议以及在目标期限内承诺或交付资金等，具体如图 6-6 所示。

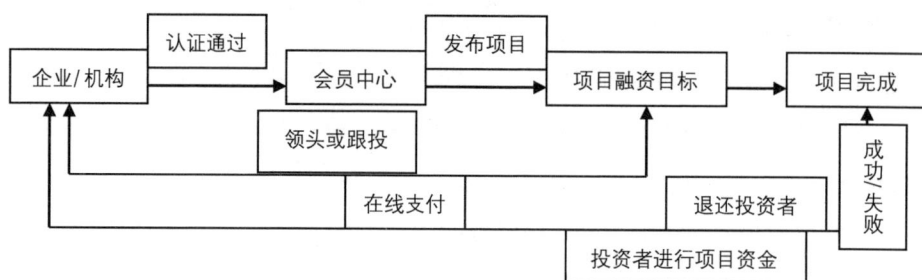

图 6-6　企业进行股权众筹的流程

根据图 6-6 可知，在线上启动阶段，创业者需要具有主角意识，准备好平台需要的资料等。在这一过程中，平台方会对创业者进行沟通培训，为创业者提供融资疑难解答服务。

项目上线之后，创业者还要与平台方协商，确定路演时间，吸引投资者参与，一旦路演顺利结束，投资者就会找上门。这里需要注意的是，一名合适的领投人是股权众筹成功的关键。

领投人大多是专业投资者，具有丰富的专业知识和实践经验，可以独立作出判断，并承担风险。除此以外，领投人的行业资源和影响力也有利于项目找到跟投人。

在整个股权众筹中，领投人负责制定投资协议条款、投后管理、出席董事会等事项。一般来说，领投人可以获得 5% ~ 20% 的利益分成，但具体比例还可以根据实际情况进行调整。

与领投人一样，跟投人的重要性也不可忽视。具体来说，虽然跟投人只负责出资，不参与项目的投后管理，最终还能获取回报，但是他们拥有对项目的审核和监督权，可以影响融资的结果。

达成投资合作意向之后，创业者就可以与投资者签订投资条款清单（详见第10 章），约定投资协议中的主要内容。除了保密条款、排他性条款以外，投资条款清单本身不具有法律效力。

股权众筹的时间截止后，企业如果获得足额资金，就需要与投资者签订投资协议。通常，在投资协议中，最为重要的内容就是投资者在项目成功后所获得的回报金额和方式。

最后，如果整个股权众筹完成，而且结果是成功的，那么投资者就需要在约定的期限内交付资金；如果结果是失败的，那融资企业就需要向投资者返还资金。

从这一方面看，股权众筹对于投资者来说非常划算，但是从融资企业的角度看，股权众筹确实存在一定风险性。因此，融资企业在采用这种方式时，往往会向平台发布商业计划书，以检验自己的项目是否具有可操作性和盈利价值。

5. 投后管理

当前，投后管理不足是制约股权众筹发展的一大问题，那么，股权众筹的投后管理要怎么做呢？

对投资者来说，投后管理包括向项目方提供发展战略以及产品定位辅导、财务规范管理、人才招聘及培训指导等服务；对融资企业来说，应当定期向投资者汇报项目进展以及财务、业务、人事等方面的信息，还要配合投资者的监督、指导以及资源整合等。

在进行投后管理时，应当由专人负责专个项目，其他人帮助各位投资者对项目进行监督管理，这样一旦出了问题，可以直接找到对应的负责人快速高效地解决问题。

业内人士认为，提高股权众筹平台参与方的投后管理能力是必然趋势，只有严格监管投后管理，才可以帮助项目走正确的发展方向，同时保障投资者的权益。

6. 投资者退出

退出是投资资金流通的关键所在，只有完成退出，投资者才能将融资企业的价值增长转换为实际收益。现阶段，股权众筹的退出案例比较少，这与该方式处于发展初期有关。

一般情况下，股权众筹的投资者会在项目完成 B 轮融资之后退出，但是如果项目的发展势头非常好，也有一些投资者愿意跟到最后。

按照惯例，股权众筹的投资者在退出时通常会有一定的折扣，这一部分以现金或等值股份给予创始团队或以老股形式卖给下轮投资者。因此，股权众筹的投资者在 A、B 轮退出的收益会比较低。

6.3 风险投资：风险与收益同时存在

VC 是风险投资（Venture Capital）的简称，从广义上讲，VC 泛指一切具有高风险、高潜在收益的投资；从狭义上讲，VC 是指对以高新技术为主、生产与经营技术密集型产品的投资。

6.3.1 中小型高新企业首选

如果你的企业处于快速成长期，并且涉足人工智能、互联网、通信、半导体、生物工程等科技行业，那么 VC 就是最适合的融资方式，因为其特点与此类企业的匹配度非常高，如图 6-7 所示。

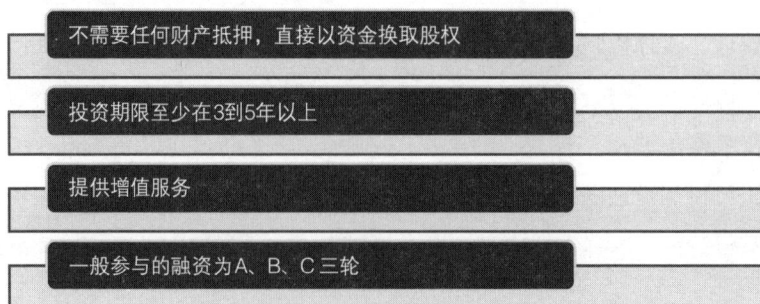

不需要任何财产抵押，直接以资金换取股权

投资期限至少在3到5年以上

提供增值服务

一般参与的融资为A、B、C三轮

图 6-7　VC 是中小型技术企业的首选融资方式

1. 不需要任何财产抵押，直接以资金换取股权

对于刚刚起步的中小型高新技术企业来说，规模还比较小，没有固定资产和资金作为抵押担保；而风险投资的投资决策主要建立在对创业者手中持有技术和产品的认同基础之上，不需要任何财产抵押，直接以资金换取股权。

2. 投资期限至少 3 到 5 年以上

风险资本从进入融资企业到退出所间隔的时间就是风险投资的投资期限。一般来说，风险投资的投资期限至少在 3 到 5 年以上，占据融资企业 30% 左右的股权，不需要任何担保或抵押。

3. 提供增值服务

一个适合的 VC 不仅能够给创业者资金支持，还能在资源上给创业者提供帮助。这样，无论是项目的后期发展，还是后续融资，适合的 VC 都会给创业者提供很多资金以外的东西，具体如下：

（1）协助创业者解决战略问题

出色的 VC 会提前向创业者索要经营状况信息，然后利用董事会会议探讨战略性难题。例如，企业应该深入一个垂直领域还是广撒网，是否要采取开源策略等。

（2）为企业招揽优秀人才

VC 的人力资源丰富，对人才的识别能力高，可以发现创业者发现不了的优秀人才。

（3）促成交易、合作等

企业的资源有限不仅表现在资金方面，还表现在人力资源方面。如果创业者是第一次创业，那么可用的人力资源更少。让投资者帮助企业拓展客户来源是一种比较理想的状态，这有利于企业的长久发展。

麦特·奥科(Matt Ocko)就经常为自己投资的企业促成交易、合作。例如，他投资 MemSQL（一家致力于数据开发的企业）以后，就将某企业的首席技术官介绍给 MemSQL 的创始人兼 CEO 埃里克·弗兰基尔(Eric Frenkiel)认识，二人因此建立了商业关系。

（4）提供财务及法务指导

创业者有可能因为经验不足栽倒在一些枯燥但是重要的事情上，包括法律契约、财务审计和专利申请等，VC 可以在这些事情上为创业者提供指导。

4. 一般参与的融资为 A、B、C 三轮

VC 参与的融资一般为 A、B、C 三轮，而且每一轮的具体特征都不相同，如表 6-2 所示。

表 6-2　VC 参与的融资及其具体特征

轮次	企业所处阶段	投资量级
A 轮融资	产品有了成熟模样，企业正常运作一段时间并有完整详细的商业及盈利模式，在行业内拥有一定地位和口碑。不过，企业当前有可能依旧亏损。	1 亿元人民币以下
B 轮融资	在 A 轮融资的支持下获得了一定发展，一些企业已经开始盈利。商业模式没有任何问题，可能需要推出新业务、拓展新领域。	1 亿元人民币以上
C 轮融资	商业模式已经比较成熟，离上市不远。企业已经有较丰厚的盈利，还需要通过融资拓展新业务，补全商业闭环，也有准备上市的意图。	1 亿美元以上

6.3.2 如何选择适合的 VC

如何获得 VC 的青睐是融资的重点，具体可以从以下几个方面进行突破，如图 6-8 所示。

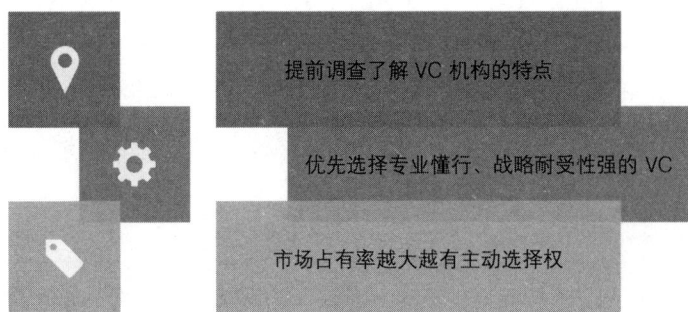

提前调查了解 VC 机构的特点

优先选择专业懂行、战略耐受性强的 VC

市场占有率越大越有主动选择权

图 6-8　选择适合的 VC

1. 提前调查了解 VC 机构的特点

提前调查了解 VC 机构的特点包括，了解 VC 机构的类别、掌握各个 VC 机构的差异，关注每个投资工作人员。

（1）了解 VC 机构的类别

企业在进行融资时，首先要对 VC 机构的类别有所了解。金融市场上，很多专业平台可以为创业者提供帮助。中国的创业邦、美国的天使资本协会等都有大量的数据和资料可供创业者查询。

除此之外，还有券商投资部门、BAT 战略投资部门以及市场上的其他 VC 机构，这些分属不同的类别，投资风格也不相同。例如，有的 VC 机构喜欢对赌的方式，而有的则喜欢详尽调查后的投资。

因此，创业者需要事先了解这些 VC 机构，然后在融资的过程中根据自己的实际情况进行选择。

（2）掌握各个 VC 机构的差异

在风险投资行业，各个 VC 机构存在很大差异，造成这种差异的主要因素有资本来源、团队组成情况以及策略等。在操作层面上，VC 机构的投资流程都大同小异，但即使如此，创业者还是要对其中的差异进行深入了解和掌握。

（3）关注每个投资工作人员

在融资的过程中，VC 机构会对企业进行详尽调查，而每个 VC 机构中都会有不同的投资工作人员做不同的工作。因此，创业者应该多关注投资工作人员。

2. 优先选择专业懂行、战略耐受性强的 VC

在选择 VC 时，战略耐受性非常重要。在实施项目过程中会遇到阻力，这些阻力会对投资者的资本形成考验。通常，在其他条件不变的情况下，如果 VC 对项目的战略耐受性较强，就会使项目获得更为长远的发展。

互联网企业阿里巴巴在进行融资时，孙正义先生就展现了足够的战略耐受性。从 1999 年到 2018 年，孙正义在阿里巴巴的投资始终保持较高的股份，虽然中间有过变现，但并未有退出的想法。

3. 市场占有率越大越有主动选择权

对于风险投资者来说，项目中产品在市场上的占有率，也是判断是否要进行投资的重要标准。一般来说，产品的市场占有率越高，风险投资者进行融资的可能性就越大。

在创业的过程中，有许多高科技企业会非常重视技术的力量，在融资的过程中，也会特别强调自己在市场中的技术优势，而较少提到产品的市场占有率。殊不知，风险投资者在考察项目时，最为看重的条件之一就是产品的市场占有率。

对于一家企业的发展而言，拥有技术并不意味着拥有专利，更不意味着其产品拥有广阔的市场。风险投资者在判断技术的投资价值时，并不会过多地考察其高精尖的程度，而是更加注重其产品市场占有率的持续成长价值。

2018 年 8 月，O2O 在线订餐平台饿了么获得软银和阿里巴巴投资的 30 亿美元融资。CrunchBase 统计数据显示，全球融资最多的 23 家企业一共获得了125.57 亿美元的融资，饿了么累计融资 63 亿美元，位居榜首。

目前，饿了么拥有 200 万家线上线下一体化门店，日活跃用户已经达到 1.68亿家。饿了么就是通过持续的市场占有率增长获得了八轮以上的融资，具体记录如表 6-3 所示。

表 6-3　饿了么历次融资记录

时间	投资者
2012 年 3 月	获得金沙江创投 100 万美元 A 轮投资
2013 年 1 月	获得经纬中国、金沙江创投 350 美元 B 轮投资
2013 年 12 月	获得红杉资本、经纬中国、金沙江创投 2 500 万美元 C 轮投资
2014 年 5 月	获得大众点评、红杉资本、经纬中国 8 000 万美元 D 轮投资
2015 年 1 月	获得中信产业基金、腾讯、京东、红杉资本、大众点评 3.5 亿美元 E 轮投资
2015 年 8 月	获得 6.3 亿美元 F 轮投资，由中信产业基金、华联股份领投，华人文化产业基金、歌斐资产、腾讯、京东、红杉资本等跟投
2015 年 12 月	获得滴滴出行战略投资，金额未披露
2016 年 4 月	获得阿里巴巴 12.5 亿美元投资
2017 年 6 月	获得 10 亿美元战略投资，阿里巴巴领投
2018 年 4 月	阿里巴巴联合蚂蚁金融以 95 亿美元全资收购饿了么，成为中国互联网迄今为止现金收购的最大一笔交易
2018 年 8 月	获得软银和阿里巴巴 30 亿美元投资，累计融资达到 63 亿美元

饿了么创始人张旭豪先生总结了自己的融资经验，他表示，如果一种新产品能够被市场认可并且可以复制，能够快速成长，会很快吸引到风险投资者。

早前，饿了么在交大附近获得成功时，虽然并没有撰写过任何商业计划书，但是风险投资者就自己找上门来，因为他们的主要工作就是找项目。现在，好项目不多，只要把产品做好，在一个区域内有很好的数据支撑，根本不用担心融资的问题。

创业者一定要明白，在风险投资者考察企业时，市场通常比技术更为重要。可以说，企业只有拥有巨大的发展空间，掌握的技术又可以支持大的市场目标，才会有真正的升值潜力。

6.3.3　谷歌未上市之前为何受到 VC 青睐

2018 年 5 月 29 日，《2018 年 BrandZ 全球最具价值品牌 100 强》发布，谷歌名列第一位；2018 年 12 月 18 日，世界品牌实验室编制的《2018 世界品牌500 强》揭晓，谷歌排名第 2 位。

2017 年 5 月，谷歌发布的一款围棋人工智能程序阿尔法狗（AlphaGo）横空出世，而且在战胜世界冠军李世石后，再次赢了世界排名第一的围棋手柯洁。

阿尔法狗是世界上第一个击败人类职业围棋选手、第一个战胜围棋世界冠军的人工智能程序。

2016 年 12 月，谷歌联手 FCA 集团发布了一款自动驾驶车——Waymo，这款车基于克莱斯勒全新 Pacifica 打造，在 2017 年年初开幕的电子消费品展（CES）上正式发布。

从互联网到移动互联网再到如今高速发展的量子计算、人工智能，谷歌一直致力于以不可思议的方式改变世界。

1998 年，拉里·佩奇 (Larry Page) 与谢尔盖·布林（Sergey Brin）联合创办了谷歌，专门提供搜索引擎服务。当时，他们还没有明确的商业计划，但是谢尔盖·布林仅凭个人魅力就从一位斯坦福校友那里拿到了第一笔投资——10 万美元。

在朋友的一个车库里，拉里·佩奇和谢尔盖·布林踏上了创业征程，最初的时候，他们手下只有一个员工———克雷格·希尔维斯通 (Craig Silverstein)，这个员工就是谷歌的技术总监。

创立之后，谷歌很快就受到了用户欢迎，每天搜索数量超过一万次，并因此得到媒体关注。当谷歌需要资金进行市场扩张的时候，风险投资开始进入。

拉里·佩奇和谢尔盖·布林向红杉资本的合伙人迈克·莫里茨表明了立场，他们准备融资 2 500 万美元，出让谷歌 20% 的股份，融资额度是 2 500 万美元。这也就意味着，他们自认为当时的谷歌价值 1.25 亿美元。

迈克·莫里茨准备接受他们的报价，投资 2 500 万美元，获得谷歌 20% 的股份。与此同时拉里·佩奇和谢尔盖·布林也向另一家投资大佬 KPCB 发出了邀约。

KPCB 的老板约翰·杜尔与红杉资本的迈克·莫里茨作出了同样的决定。两家风险投资风格不同，一家比较激进，一家偏向保守，但他们都想独占谷歌 20% 的股权，而排斥对方。

但是，拉里·佩奇和谢尔盖·布林希望让这两家风险投资平分这部分股份，共同管理谷歌。就在僵持不下的时候，另外一家风险投资又找上门来，给出谷歌 1.5 亿美元的更高估值。

在新风险投资的威胁下，约翰·杜尔与迈克·莫里茨答应了拉里·佩奇和谢尔盖·布林的条件。于是，1999 年 6 月 7 日，一份震惊硅谷的融资公告正式发布：

"谷歌从 KPCB 和红杉资本总共获得了 2 500 万美元的投资，两家风险投资各占谷歌 10% 的股份。"

约翰·杜尔与迈克·莫里茨的投资是成功的，甚至说是巨大的成功。在谷歌上市以后，他们的股票价值大约高达 30 亿美元。不过必须承认，更成功的是拉里·佩奇和谢尔盖·布林。

作家戴维·怀斯 (David A.Vise) 评论到："所有的迹象都表明，谷歌两位创始人做了一笔超级成功的生意：他们拿到企业发展所需的资金，同时还牢牢掌握了控制权。"

早前，业内人士对互联网搜索功能的理解是：文档在搜索结果中的排列顺序由文档中某个关键词出现的频率决定，频率越高排列位置就要越靠前。而谢尔盖·布林认为：网页在受众中的知名度和质量是决定其在搜索结果中排列顺序的主要因素。

当谷歌的竞争对手都希望建立自己的门户网站，不重视搜索引擎时，谢尔盖·布林反其道而行之，尽力完善谷歌搜索引擎。最终，谷歌的使用频率越来越高，很多广告商都要求在谷歌网页登广告。

当谷歌搜索引擎的影响力越来越大时，拉里·佩奇、谢尔盖·布林及其团队开始创造自己的财富神话，他们不仅一步步完善谷歌搜索引擎技术，更在企业上市方面试图创新。

拉里·佩奇、谢尔盖·布林商议后决定以拍卖的方式进行首次公开募股（IPO）定价，此举也被美国媒体称为"对华尔街的清洗"，而两个新的亿万富翁就这样诞生。

2012 年，谢尔盖·布林以 198 亿美元的身家名列《福布斯》全球亿万富豪排行榜第 24 位；2013 年，拉里·佩奇获选美国 40 岁以下最有影响力 CEO，并以 230 亿美元身家占据《福布斯》全球亿万富豪排行榜第 20 位；2012 年 4 月，拉里·佩奇重新担任谷歌的 CEO，将谷歌分成了两部分。

著名创业家约翰·巴特尔（John Battelle）曾经写过有关谷歌发展史的书，书中写道："我们以前从未在科技界看到过谷歌这样的企业，它是一个整体，触角延伸到各个领域，充满了野心。"

著名风险投资机构 Andreessen Horowitz 创始人本·霍洛维茨（Ben

Horowitz）说："拉里·佩奇正在从事的事业令人震惊，自从通用的托马斯·爱迪生（Thomas Edison）与惠普的戴维·帕卡德（David Packard）之后，他是第一个让我震惊的商业领袖。"

6.4 PE 投资：创业者的"新救命稻草"

私募股权（Private Equity）投资简称 PE 投资，是通过私募形式对具有上市潜力的非上市企业进行权益性投资，最终通过上市、并购、管理层回购、股权置换等方式退出套现的一种行为。

6.4.1 PE 投资适合什么样的企业

PE 和 VC 的不同之处就在于，VC 投资的是早期成长企业，而 PE 投资的是中后期具有发展潜力的非上市企业。通常情况下，PE 投资具有以下 6 大优势，如图 6-9 所示。

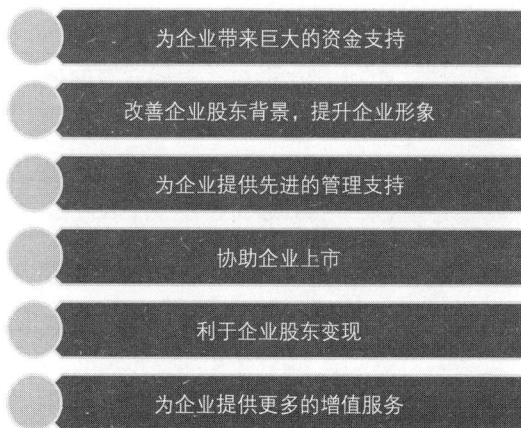

为企业带来巨大的资金支持

改善企业股东背景，提升企业形象

为企业提供先进的管理支持

协助企业上市

利于企业股东变现

为企业提供更多的增值服务

图 6-9　PE 投资的 6 大优势

1. 为企业带来巨大的资金支持

PE 投资主要是通过非公开方式面向少数投资机构或个人，其销售、赎回都是通过私下协商进行。而且政府引导基金、各类母基金、社保基金、银行保险等金融机构，上市企业闲置资金，富有的个人、战略投资者等都是 PE 投资的资金来源。

PE 的巨大的资金规模为企业注入外部股权，一方面使非上市企业的经济实力得以加强，提高了竞争力；另一方面也使非上市企业的负债率和财务风险大大降低。

2018 年，蚂蚁金服宣布新一轮融资，金额 140 亿美元，估值 1 500 亿美元，创下了全球估值最高的非上市企业记录。这些金额包括来自国内投资者的人民币资金，也包括蚂蚁国际筹集的来自国际投资者的美元资金。

此前，蚂蚁金服曾融资 45 亿美元，其中的投资者有很多，主要包括中投海外和建信信托分别领衔的投资团，以及中国人寿在内的多家保险巨头等。

蚂蚁金服的投资者覆盖了亚洲、北美、欧洲及中东等国家或地区，是真正意义上的全球化融资。蚂蚁金服通过 PE 投资掌握了国内外巨大的资源，有利于全球化市场业务扩展、自主科研投入、全球顶尖人才的招募以及其金融核心业务的良性循环。

2. 改善企业股东背景，提升企业形象

改善股东背景，提高企业再融资能力也是 PE 投资的一大优势。企业通过引进 PE 投资，一方面为自身带来了雄厚的资金，另一方面也为自己带来了新的股东和机会。

这些通过 PE 投资进入的股东会在企业的经营发展中扮演重要的角色，他们会积极参与企业的主要经营事项，对财务决策和企业发展战略提出自己的看法。

如果企业在融资过程中，寻找到知名度高、声誉良好的 PE 投资，那么这个 PE 投资的注入不仅可以改善企业股东的背景，提升企业的形象，还能够吸引其他的投资者进行后续跟进，从而大大提升企业的整体实力和市场竞争力。

3. 为企业提供先进的管理支持

由于 PE 投资的目的是通过上市获得超额回报，所以他们不仅会给企业带来资金，还会为企业提供管理支持。以鼎晖投资为例，对于投资微众传媒，晏小平表示："投资完成后，会对微众传媒在战略梳理、团队建设和资本规划、客户推荐等方面给予帮助。"

在 PE 投资中，投资者对融资企业的管理支持表现在五个方面：参与到企业的董事会、策划追加投资和上市、帮助企业制订发展策略和营销计划、监控财务业绩和经营状况、协助处理企业危机事件。

4. 协助企业上市

通常，中小型企业在上市之前，需要满足一定的要求，即能够在上市前的一段时间内实现持续的盈利，并保持较高的净利润和营业收入增长率。所以企业要想在中小板或创业板上市，就必须引入大量的资金作为支持，而这时，PE 投资在其中发挥了重要作用。

5. 利于企业股东变现

从某种角度来看，企业进行融资是一种股东变现的方式。具体来说，在融资的过程中，企业需要将一部分股权分给投资者，即通过出让部分股权换得投资者的资金。

另外，如果企业通过募得的资金实现上市，其股东还可以在市场上实现更为自由的融通，从而进一步提高自己的收益。

6. 为企业提供更多的增值服务

企业引入 PE 投资，不仅可以通过外部先进的管理理念，在很大程度上改善自身的治理结构，还有利于建立起与未来上市相匹配的财务制度、治理结构、法律框架和监管体系等。

另外，PE 投资的引入还可以为企业提供更多的增值服务，例如，企业的发展战略制定、管理结构的优化、业务策略制定、企业再融资等。这些增值服务可以进一步优化企业的管理，帮助企业创造更多的价值，实现快速发展。

6.4.2 盘点主流的 PE 投资机构

根据背景，PE 投资机构主要分为 3 种类型，分别是国内外专业私募股权基金、大型企业或上市企业、券商系。

1. 国内外专业私募股权基金：大型集团下属

国内外专业私募股权基金是我国最专业的 PE 投资机构，可以分为三类，具体如下：

第一类是专业的私募股权基金，例如，鼎晖投资、新天域资本、弘毅投资、软银赛富等；第二类是国际投资银行下属的直接投资部，例如，高盛直接投资部等；第三类是国际大型集团下属投资基金，例如，英特尔旗下两支"中国技术基金"等。

由于国内外专业私募股权基金从投入、增值到退出都有完整计划，并且具备相当丰富的经验和资源。因此，对于创业者来说，国内外专业私募股权基金是比较理想的 PE 机构。

2. 大型企业或上市企业：设立下属创投企业

大型企业或上市企业通过设立下属创投公企业从事 PE 投资的主要目的有三个：为集团兼并收购相关企业、进行多元化投资、让集团的闲置资金产生收益。

一般来说，这类 PE 投资机构有三个典型特点，一是必须符合战略发展方向，投资的范围狭小；二是仅限于部分闲置资金，每年所分配的投资额度用完之后，停止投资；三是因为缺乏相关专业知识和行业经验，很难形成通畅的退出渠道。

对创业者来说，大型企业或上市企业的 PE 投资并不理想，毕竟它们只能为企业提供非常有限的增值服务。

3. 券商系：成立直投管理部

中信证券、中金证券等是首批获得直投资格的券商，它们都通过设立全资子公司的模式开展业务。按照中国证监会的要求，券商要想直投，只能使用自有资金，投资对象为具有发展潜力的未上市企业，而且投资期限不能超过 3 年。

还有一些券商通过"曲线"直投的策略参与 PE 投资，主要有三种方式：成立直投管理部、成立单独的投资机构或者投资基金管理企业、与当前的专业 PE 投资机构合作。

6.4.3 小米吸引 PE 投资机构的实用技巧

从 2010 年创立开始到 2018 年 7 月 9 日在香港敲钟上市，小米仅仅用了 8 年时间。其实在上市之前，雷军一直强调，小米不仅是一家智能手机企业，更是一家以手机、智能硬件以及 IoT 平台为核心的互联网科技企业。

2017 年 2 月，小米发布自主研发的芯片澎湃 S1，随后又继续推出首款搭载该芯片的智能手机小米 5C；2018 年 4 月，小米与台积电达成协议，后者将生产芯片澎湃 S2。

世界上同时拥有智能手机和芯片研发能力的企业仅有四家：苹果、三星、华为和小米。与此同时，小米进军家庭 IOT 市场，艾瑞咨询的数据显示，截止到 2018 年 3 月 31 日，小米的消费级 IoT 平台已经连接了超过 1 亿台设备。

2014 年 12 月 20 日，小米完成第六轮融资，此轮融资是由全明星基金（All-Stars Investment）作为领投机构，俄罗斯 DST、新加坡 GIC 及马云先生的云峰基金等为跟投机构。

小米的估值在 8 年里从 2.5 亿美元飙升至 543 亿美元，市场对小米为什么如此有信心？这得归功于小米在科技方面的优势。小米的核心业务是基于市场化、国际化和物流保障，用水平加垂直的方式把硬件、软件和互联网加以整合。

在硬件领域，供应链零部件不超过 1 000 个是做智能手机的基本保证。事实上，国内硬件厂商之间的竞争相当激烈，而小米不仅具有较好的硬件，还有软件和超强的互联网能力。

2010 年，小米推出"米聊"这个移动终端社交工具，在这里，米粉可以畅聊与小米有关的任何问题。如今，米聊用户已经超过两千万，在刷机发烧友群体里形成了良好口碑。

米聊用户与其他社交软件上的用户相比，活跃度更高、更上进、更加了解智能手机，而且有很强的互联网习惯，对于他们来说，智能手机、平板电脑、汽车都是很好的玩物。

2012 年 8 月，小米的第一代智能手机问世，并在不到 3 个月的时间里售出了 100 万台。更令业界惊叹的是，在小米发货的短短 3 个小时内 10 万部智能手机被抢订一空，创下 2 亿元的销售神话。

小米通过米聊用户的行为数据发现了痴迷于智能手机的一个群体，也就是发烧友。小米利用互联网用户数据对这些发烧友进行了精准定位，也为自己找到了市场上的空白点，塑造了活泼充满斗志的企业形象。

"为发烧友而生""发烧友的智能手机"等一系列宣传口号几乎无人不知，雷军也经常在公开场合提及苹果和乔布斯一直都是他和小米的榜样。

每一次小米的发布会配合雷军独特的营销方式和发烧友定位的宣传，总是能够引起用户的疯抢，以至于出现供不应求的局面。用户对于拥有一部小米智能手机感到自豪，而且不会因为价格和性价比等原因产生廉价感，甚至会觉得非常时尚。

因为产品的亲民化深入人心，再结合互联网的引爆方式，使得小米的市场创造了一个又一个纪录。相关资料显示，小米与全球收入超过人民币千亿元且盈利的上市企业相比，按收入增长速度计算，已经在互联网行业中排名第一。

亮眼成绩是小米吸引众多 PE 机构的原因之一，由此我们可以推断出，PE 投资应该具备三个特征：投资对象为具有发展潜力的非上市企业、资金筹集具有私募性与广泛性、融合权益性的资金和管理支持。

一般情况下，PE 投资机构会采用权益投资方式，对融资企业的管理享有一定参与权和表决权。在投资工具上，PE 投资机构会采用普通股、可转让优先股等。

第7章
商业计划书撰写指南

　　商业计划书（Business Plan）简称 BP，是创业者与投资者建立联系的载体。创业者需要一份优秀的商业计划书来展示企业和项目的当前状况以及未来发展潜力，从而激发投资者的兴趣。

7.1　8项必备内容

一份优质的商业计划书通常非常有价值，其必备内容主要有8项，分别是，市场、团队、产品／服务、商业模式、竞争分析、关键数据、融资方案、资金规划。

我们可以根据重要性为各项内容安排顺序，通常是越重要的内容就越应该在前面。精心撰写商业计划书中的每一项内容，投资者会看到真正的能力和诚意。

7.1.1　市场：需求及未来发展空间

投资者在投资的时候，最看重企业对市场需求的预测以及市场未来发展空间的分析，具体来说也就是有多少用户可能使用你的产品，百万级、千万级还是亿级。

在容量巨大的中国，一个目标用户只有百万级的产品算不上潜力巨大。当然，潜力也不只表现在用户数量上，有时也表现在客单价、未来发展空间上。例如，一个用户数量少但客单价很高的产品也具有很大潜力。

市场会深刻影响投资者的决策，原因很简单，市场在未来五年到十年内的发展空间基本上可以预测。在这种情况下，投资者会更喜欢发展空间足够大，可以容纳百亿级别用户的潜力企业。

著名的互联网巨头阿里巴巴在进行融资时，马云先生对中国互联网市场的预测非常准确，他看到了互联网尤其是电子商务的巨大潜力和广阔发展空间。

对于阿里巴巴来说，虽然融资初期遇到不少挫折，但是也成功吸引了优秀投资者的关注，尤其是著名风险投资者孙正义。初次见面时，马云就在"六分钟"的时间里成功引起了孙正义的兴趣，获得了孙正义及其投资团队的认可。

之后，孙正义为阿里巴巴投资2 000万美元，等到2014年阿里巴巴在美国上市时，孙正义投资的2 000万美元变成了580亿美元，翻了接近3 000倍。

7.1.2 团队: 创始人 + 组织架构

投资者在看早期项目时，团队是非常关键的评判标准，因为与项目相比，这是比较稳定的因素。在项目后期的运作过程中，目标市场、产品和商业模式都会稍作改变，而团队则十分牢固。那么我们如何表现才能让投资者青睐我们的团队呢?

首先是创始人，名校名企以及知名项目的经历会给创始人贴上优秀的标签。即便没有标签也不要紧，创始人可以具体说出自己在相关行业的经验及成就，甚至情怀。像乔布斯一样"致力于改变世界""让人生更有价值"，投资者也许会对你刮目相看。

接下来是分工情况，介绍团队的核心成员，将他们的经历和擅长领域突出地表现出来，以此来吸引投资者的注意力。例如，对团队中核心成员的特殊才能、特点、人际关系资源进行介绍。

此外，明确管理目标，讲述组织架构，让投资者能够更加了解团队。具体可以借鉴以下组织架构模版示意图，然后根据企业的实际情况进一步优化和调整，如图 7-1 所示。

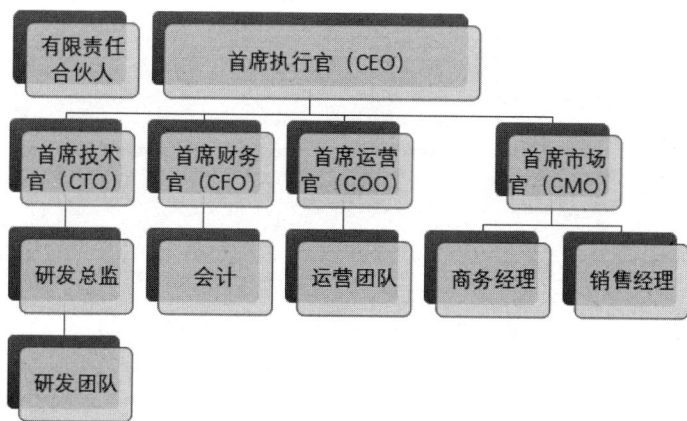

图 7-1 组织架构模版示意图

下面摘录一段腾讯团队的组织架构介绍情况，在商业计划书中撰写这一部分时，可以将其作为参考:

马化腾: 腾讯主要创始人之一，董事会主席、执行董事兼首席执行官，全面负责本集团的策略规划、定位和管理。

1993 年，马先生取得深圳大学理学士学位，主修计算机及应用，并于 1998 年在中国电信服务和产品供应商深圳润迅通讯发展有限公司主管互联网传呼系统的研究开发工作。

刘炽平：总裁，2005 年加盟腾讯，出任本集团首席战略投资官，负责战略、投资、并购和投资者关系等方面的工作；2006 年升任总裁，协助董事会主席兼首席执行官监督日常管理和运营；2007 年，被任命为执行董事。

刘先生拥有美国密歇根大学电子工程学士学位，斯坦福大学电子工程硕士学位以及西北大学凯洛格管理学院工商管理硕士学位。加入腾讯之前，刘先生还曾在麦肯锡从事管理咨询工作。

7.1.3 产品 / 服务：专注用户与竞争对手

在商业计划书中，针对产品 / 服务进行介绍其实就是向投资者回答以下几个问题，如图 7-2 所示。

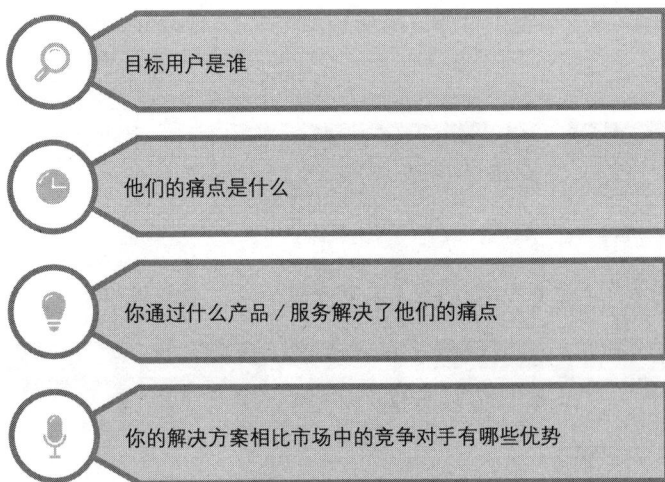

目标用户是谁

他们的痛点是什么

你通过什么产品 / 服务解决了他们的痛点

你的解决方案相比市场中的竞争对手有哪些优势

图 7-2　商业计划书中产品／服务介绍要点

1. 目标用户是谁

目标用户就是产品 / 服务是给谁用的 (Who)，对应的是目标市场。初创企业尤其需要重视目标用户，因为他们的痛点更加强烈，强烈到会主动寻找解决方案。

如果把握住目标用户，就相当于已经走好了第一步，奠定了坚实的基础。因为这些目标用户会迅速通过关系链进行口碑传播，帮助产品进一步占领目标市场。

2018 年 5 月，根据小米提交的商业计划书显示，MIUI 系统已经拥有 1.9 亿月活跃用户。如此亮眼的成绩与小米在创业初期，借助目标用户的口碑传播息息相关。

为了表达对第一批 100 个用户的感激，小米曾拍摄了一支《100 个梦想的赞助商》微电影。正是这种对目标用户的辛勤耕耘，才使小米实现了用户从 100 个到 1.9 亿个的飞跃，也积累了 MIUI 系统的信誉。

那时，雷军每天都会抽出一个小时的时间回复微博上的评论，即使是工程师也要按时回复小米论坛上的帖子。据统计，小米论坛每天有实质内容的帖子大概是 8 000 条，平均每个工程师每天要回复 150 条帖子。而且，在每一条帖子后面，都会显示这个建议被采纳的程度以及解决问题的工程师 ID，这给了用户被重视的感觉。

此外，和其他论坛的纯线上交流不同，小米还举办了一个强大的线下活动平台——同城会。小米会借助相关数据分析每个城市的用户数量来决定同城会举办的顺序，然后在论坛上登出宣传帖，邀请 30 到 50 个用户到现场与工程师做当面交流。

除了举办同城会以外，小米还将"积极与用户交朋友"打造为一种企业文化，这种全员行为赋予了一线员工很大的权力。例如，在用户投诉或有不满意的时候，客服有权根据自己的判断自行赠送贴膜或其他小配件。

为用户服务是大多数企业的宗旨，也是投资者非常看重的部分，如果商业计划书中有像小米这样精心为用户着想的内容，那会让融资变得更加顺利。

2. 他们的痛点是什么

简单来说，痛点就是用户在正常的生活中遭遇的麻烦、纠结和抱怨，如果不能将其消除，会使用户陷入一种负面情绪中，进而产生痛苦、不方便的感觉。

在这种情况下，用户需要一种解决方案来消除自己的痛点，使自己的生活状态恢复正常。产品就是因为消除了痛点才被用户使用，所以在商业计划书中要让投资者看到这方面内容。

3. 你通过什么产品／服务解决了他们的痛点

产品／服务就是发动机，只有让投资者充分认识产品／服务，才有可能引起他们的兴趣和关注。如果产品好，用户数量惊人，投资者会将钱主动送到你面前。

商业计划书中，介绍产品／服务主要就是回答你如何解决目标用户的痛点，解决方案是什么？选择这种解决方案的理由是什么？特点是什么？你有哪些资源？成本如何？用户量与用户转化率怎么样？有无壁垒等？

亚马逊早期的产品／服务介绍就非常典型：针对互联网用户，为那些热爱阅读的人提供便捷、低廉和选择多样化的即时服务。与传统书籍零售商不同，亚马逊是一家在线书籍零售商，能够以最快的速度提供超过 110 万本书籍。

4. 你的解决方案相比市场中的竞争对手有哪些优势

相比市场中的竞争对手，你的解决方案有哪些优势或者差异化价值？回答这个问题时，必须把重点放在壁垒，产品／服务的壁垒越坚固，投资者的评分越高。

产品／服务介绍应该从上述几个问题着手，而且因为首因效应的影响，应该将优势最大的问题放在首位，然后依次类推。一方面，可以向投资者展示更多更重要的亮点；另一方面，有利于充分体现企业的强大竞争力。

7.1.4　商业模式：利润、收入、成本

投资者的投资目的是实现财富增值，所以商业模式是他们格外关注的一部分内容。从本质上看，商业模式是"利润＝收入－成本"，我们要用简洁清晰的逻辑将其展现在商业计划书上。

投资者不是普通用户，他们深谙竞争规则，往往不需要常识性解释，只希望直接、清楚地看到创新点。具体表达创新点可以从以下几个方面着手，如图 7-3 所示。

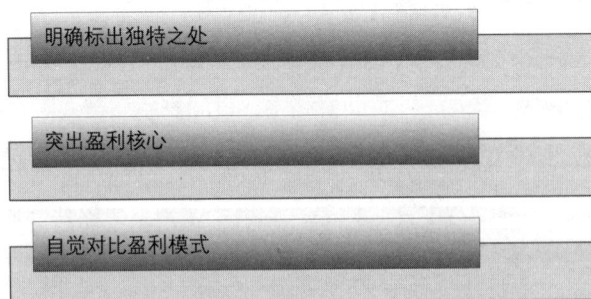

图 7-3　如何直接、清楚地表达创新点

1. 明确标出独特之处

投资者最希望看到项目的独特之处。例如，产品 / 服务的质量上乘、团队凝聚力强等，这些独特之处不仅可以向用户提供额外的价值，还有助于企业获得更多用户。

沃尔玛就是以低价格、多品种为主要的盈利模式，因为这种盈利模式在世界范围内拥有较强的竞争力，所以沃尔玛才能够不断发展壮大，取得大众的认可和信赖。

如果项目中具有其他项目不具备的特色，就能够让投资者预测出其良好的发展情况和前景，并从其盈利模式中看出丰厚的投资回报，进而大大提升融资的成功率。

2. 突出盈利核心

企业在成长的过程中，都会有自己独特的盈利模式，创业者一般会通过向投资者展示盈利模式来获得投资。另外，为了使盈利模式更加清晰，创业者还会将盈利核心展示在商业计划书上。

这里所说的盈利核心包括很多方面。例如，企业在经营中依靠的过硬科技创新能力、产品的不可替代性、低成本下的高质量产品、对客户的真诚服务等。

对于创业者来说，梳理好盈利核心以后，更能够让自己的项目有清晰的盈利模式，获得投资者的青睐。

3. 自觉对比盈利模式

创业者如果能够总结实践经验，将自己的盈利模式和其他企业的盈利模式做对比，可以让投资者对项目的盈利模式有深层次了解，增加融资成功的可能性。

Bitpay（比特币支付平台）相当于线上支付龙头 Paypal 的比特币版本。BitPay 可以向商家提供各种支付的后端技术支持以及前端购买按钮的嵌入服务。在交易过程中，BitPay 接受用户的比特币，然后将比特币换算成真钱，打到商家的账户里。

由于 BitPay 大大降低了交易成本和时间，而且拿到手的还是真钱，因此受到了很多商家的青睐。尤其对于跨境交易来说，商家接受汇款的流程非常麻烦，而且手续费高昂，而 BitPay 则通过比特币解决了这些棘手问题。

Bitpay 得到了众多企业的信赖，包括 G2A.COM、Valve、微软、Adyen，以及 Neteller 等。相关数据显示，截止到 2019 年，BitPay 处理的年支付交易总额已经远远超过 20 亿美元。

如今，BitPay 完成了多轮融资，其中比较有代表性的是，270 万美元的种子轮融资、3 000 万美元的 A 轮融资、4 000 万美元的 B 轮融资。BitPay 的种子轮融资由李嘉诚通过旗下私人创投基金维港投资（Horizons Ventures）与其他投资者共向完成。

A 轮融资由英国维珍航空创办人查理德·布兰森(Richard Branson) 以及雅虎创办人杨致远领头的财团完成；而 PE 投资机构 Menlo Ventures 和 Aquiline Technology Growth 则参与了 4 000 万美元的 B 轮融资。

Bitpay 执行主席托尼·加利皮（Tony Gallippi）表示："早在 2011 年刚刚创办 BitPay 时，我们就看到了给世界各地商家减少交易费的机会。通过提供自由和无限的基本服务，我们让商家对比特币支付感到越来越激动……"

在投资之前，查理德·布兰森就已经和 Bitpay 签订了合约，而且还明确表示，他之所以会选择投资 Bitpay，是因为他坚信银行正面临重大的改革和创新，而维珍航空已率先进入"替代支付"（非现金支付）的模式。

在投资之后，维珍航空旗下的商业太空航空公司维珍银河率先使用了比特币支付方式，让用户可以用比特币购买机票。此外，维珍银河还制定了"预付 25 万比特币获得太空旅行套餐"的活动。

查理德·布兰森还说："在振奋人心的货币革命中，比特币作为一种服务，将会持续建立人们对数字货币的信心，推动数字货币的发展，而 Bitpay 或许就是下一个独角兽。"

Bitpay 之所以能够拿到巨额融资，与其商业模式清晰有直接关系。投资者如果能够在商业模式上看到盈利可能，那么一定会毫不吝啬地投钱，因为这表明了未来的回报将非常可观。

7.1.5　竞争分析：找准对手，全方位对比

商业计划书中对竞争分析的介绍可以表明创业者对市场的深刻认识，一方面体现出创业者能够正确辨别直接或者潜在的竞争对手；另一方面，投资者也会根

据自己掌握的消息进行判断，通过思考和分析减少投资的不确定性。

竞争分析主要包括以下 3 个方面，如图 7-4 所示。

谁是竞争对手

有巨头竞争吗

你的优势／壁垒和劣势有哪些

图 7-4　竞争分析内容

1. 谁是竞争对手

在作竞争分析之前，创业者首先要找到一个合适的竞争对手。

第一步是选择竞争领域，对市场进行深入了解，确定自己定位的细分领域，与此同时，竞争对手也就锁定在这个细分领域中。

第二步是选择竞争目标，企业对未来发展的预期决定了奋斗的方向。阻碍企业不断进步，与企业有相同目标的就是企业应该选择的竞争对手。

2. 有巨头竞争吗

巨头的情况必须首先关注，想一想你的市场有巨头吗？是不是有多家巨头？如果有巨头，甚至有多家巨头，那就必须谨慎。不过，要是各巨头互相残杀或者无暇顾及，你就应该抓住机会。

从业务层面上看，创业者会尽可能避免与巨头的业务有重叠。但对于投资者来说，如果与巨头的上下游相关，那也可能与巨头成为竞争对手。

以电商为例，仅仅是品类上的差异远远不够，因为巨头有充足的资金调整团队结构、业务方向以及产品质量。创业者如果选择巨头为竞争对手，试图分得一杯羹，那么创业风险会非常大。

例如，班车类项目曾经处于一个蓝海市场，与其相关的初创企业引起了很多投资者的兴趣。与滴滴相比，两者的用户群体有较大差异，所以投资者关注也就很好理解。然而，当滴滴声称要拿出 5 亿入局班车类项目以后，投资者很快就不再关注那些初创企业。

3. 你的优势／壁垒和劣势有哪些

优势／壁垒和劣势的分析可以对自己和竞争对手有一个清醒的认识，不仅有利于企业在竞争中处于主动地位，还能因此给投资者留下思虑全面的印象，有助于成功拿到投资者的投资。

在具体操作时，大家可以采用 SWOT 分析法（SWOT Analysis，又称强弱危机分析、优劣分析法等），将自己所面临的优势／壁垒和劣势进行全方位地分析和掌握，通常需要注意以下两个方面，如图 7-5 所示。

图 7-5　优势／壁垒和劣势的分析

一般情况下，企业之间的竞争注意是在产品和服务层面展开，不过大多数投资者似乎更加关注产品层面。因此，创业者在进行竞争分析时，应当从产品的定位、市场、成本及价格、广告投入、发展趋势等方面进行。

理论上讲，竞争对手当然越少越好，但如果竞争对手真的太多或者太强大，创业者就要先想想怎样将项目做下去，然后再用自己的资源让项目突出重围，说服投资者。

另外，优势／壁垒和劣势分析还可以在经营层面展开。例如，通过营销战略、推广渠道、关键财务数据、人力资源政策等的对比体现企业和项目的竞争优势。

7.1.6　关键数据：产品以外的直观体验

关键数据包括注册用户数量、活跃用户数量、网站人均浏览次数、官微粉丝数、传播效果、收入、利润、平均客单价等，这些是商业计划书中最有说服力的部分，也是产品以外最直观的体验。

创业者应当在融资之前尽早开始接触用户，这样才能将产品在市场中初步验证的具体情况告诉投资者，使之成为项目优质的有力证明之一。

创业者可能会因为开始阶段用户量、访问量小，所以不愿意引用数据。事实上，找出关键标志的关键数据可以加深投资者的印象，这比单单用文字会说明有用很多。

7.1.7 融资方案: 估值 + 股权 + 金额

在商业计划书中，企业的估值以及出让股权的比例都必须写清楚。创业者的需求是估值越高越好、股权出让比例越低越好，而投资者正好相反。因为估值和股权出让比例可以人为调整，所以创业者和投资者具有了博弈的空间。

除了估值和股权出让比例以外，融资金额也是融资规划的一部分，这一部分需要具体到数值，还需要明确是美元还是人民币。例如，如果优先接受美元，对人民币也能够接受，就可以在美元之后加一个括号，标明"或等值人民币"的字样。

7.1.8 资金规划: 需求说明与使用情况

创业者必须将资金的用途进行重点说明，最好可以细化到具体的项目，这样更能使商业计划书翔实、有力，激发投资者的兴趣。

财务规划需要根据审慎思考的业务拓展战略进行撰写，而且必须体现创业者的前瞻性和大局观，同时也需要体现创业者花钱的能力，这样才能给投资者留下一个好印象。

财务规划的时间段应当是资金到位后的三到五年，在这三到五年内，花钱的节奏和结果都要一目了然。对于投资者来说，简单甚至有漏洞的财务规划毫无吸引力，所以创业者必须认真制定。

（1）资金需求说明，这一部分包括资金的总量、用途和使用期限。其中资金的用途主要在开展项目、扩展业务、升级核心团队、优化商业模式等方面。

（2）资金使用计划及进度，就是介绍花钱的节奏，主要是为了让投资者心里有底。例如，资金至少使用一年半，根据达到市场目标和团队管理成本的情况划分进度。

（3）在投资形式中，需要为投资者列出投资贷款、利率、利率支付条件、转股－普通股、优先股、任股权以及对应价格等内容，以帮助投资者充分了解自己将会得到的回报。

（4）资本结构。

（5）回报／偿还计划。

（6）资本原负债结构说明包括原来每笔债务所产生的时间、条件、抵押、利息等信息。

（7）投资抵押是企业在经营过程中是否存在抵押的情况，如果存在，其抵押品的价值如何，在定价时，所依凭的根据有哪些，如果有必要，还需要提供定价的凭证。

（8）吸纳投资后股权结构。

（9）股权成本。

（10）投资者介入企业管理之程度说明。

（11）报告。

以上就是商业计划书中财务规划所需要具备的主要内容，在实际的撰写过程中，需要根据投资者的意愿，对其进行灵活删减和添加，确保让投资者满意。

7.2 投资者关注的三大要点

每一个投资者决定投资一个项目的主要目的就是增值，而增值又与回报、股权、收益息息相关。因此，在商业计划书中，我们需要将投资者关注的三大要点——回报、股权、收益展示出来，以提升融资的成功概率。

7.2.1 回报：从估值、股权、收益入手

投资者最关注的就是回报，其来源主要有以下 3 种，如图 7-6 所示。

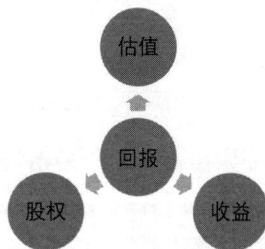

图 7-6　三种主要回报来源

首先来说估值，当项目估值发生巨大增长以后，投资者所投入的资本也就增长了，这时候，投资者可以上市套现。即使企业还没有上市，投资者也可以在后续融资中实现退出，完成收益锁定。

因此，在撰写商业计划书的过程中，创业者也需要将这一部分内容添加进去。

2018 年，蚂蚁金服以高达 1 500 亿美元的估值排名全球独角兽第一位。独角兽这个概念是 2013 年美国著名 CowboyVenture 投资者 Aileen Lee 提出的，定义为全球成立不超过 10 年但估值迅速增长超过 10 亿美元的新生态企业。

CB Insight 提供的数据显示，截止到 2018 年 12 月 31 日，全球独角兽总数达到 313 家，这些企业无疑是投资者寻找估值快速增长、获得回报的核心目标。

截止到 2018 年，蚂蚁金服自成立以来共进行三轮融资，融资额持续高涨的同时，市场估值更是一路飞升：

2015 年 7 月进行 A 轮融资 18.5 亿美元，市场估值超过 450 亿美元；2016 年 4 月进行 B 轮融资达到 45 亿美元的规模，估值为 600 亿美元；2018 年 6 月 8 日，完成 C 轮融资，融资金额高达 140 亿美元（折合成人民币 900 亿元左右），市场估值达到 1 500 亿美元，成为全球最牛独角兽之一。

由此可见，蚂蚁金服投资者的回报根据其估值从 450 亿到 1 500 亿的快速增长也快速翻倍增长。

7.2.2 股权：必须与投资金额挂钩

创业者融多少钱，出让多少股份直接关乎投资者投多少钱，换多少股。确定企业需要的融资金额以后，创业者就可以根据估值确定投资者能换多少股。

总的来说，确定融资金额以后，再确定估值，然后才能计算出企业出让的股份。知道投资者投入的资金，也就可以计算出投资者换得的股份比例，即股份比例＝投入资金／估值。

确定好股份比例以后，投资协议中的相应条款应该标明"投资者以人民币 ××× 万元的投资后估值，对企业投资 ××× 万元人民币进行溢价增资。增资完成后，企业注册资本增加为 ××× 万元，投资者取得增资完成后企业 ××% 的股权"。

7.2.3 收益：尽量保护投资者的利益

收益分配是将企业实现的净利润按照一定形式和顺序在创业者和投资者之间进行的分配，这会直接关系到投资者的利益，是他们非常关注的一部分。

因此，在撰写商业计划书时，创业者需要将这一部分展示出来，那么，收益分配包括哪些内容呢？具体如图7-7所示。

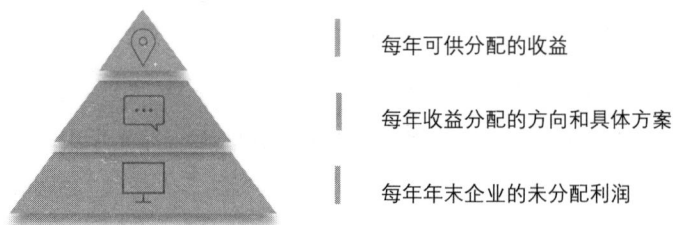

每年可供分配的收益

每年收益分配的方向和具体方案

每年年末企业的未分配利润

图 7-7　公司收益分配制度的内容

1. 每年可供分配的收益

企业每年可供分配的收益由以下三部分组成：

本年实现的净利润：这是可供分配收益中的重要来源，和损益表中披露的年度净利润应当保持一致。

年初未分配利润：指截止到上年末累计的未分配利润，构成可供分配利润的重要组成部分。

其他转入：主要指盈余公积转入。当本年度没有利润，年初未分配利润又不足时，为了让股东保持信心，企业会在遵守法规的前提下，将盈余公积转入参加利润分配。

2. 每年收益分配的方向和具体方案

根据《公司法》等有关法规的规定，一般公司和股份有限公司当前收益应按照下列顺序分配：弥补以前年度亏损；提取法定公益金；支付优先股股利；提取任意盈余公积金；支付普通股股利；转作资本（股本）的普通股股利。

这一顺序是固定不能颠倒的，也就是说，在以前年度的亏损未得到完全弥补前，不得提取法定盈余公积金和公益金；在提取法定盈余公积和公益金以前，不得向投资者支付股利和利润；支付股利的顺序必须是先支付优先股股利后支付普通股股利。

3. 每年年末企业的未分配利润

如果企业将本年实现的净利润进行了上述分配后，仍有余额，即为本年的未分配利润。本年未分配利润加上上期未分配利润的合计数，即为本期末未分配利润累积数。

第 8 章

谈判：如何把话说好，
事做精

融资谈判是一项技巧性很强的活动，也是实现创业者融资战略的重要一部分。在谈判的过程中，找到对口投资者很难，与投资者谈判融资交易更难。如果你已经准备好融资的资料和方案，开始和投资者谈判，怎样能够提高你谈判的成功率？

8.1 与投资者谈判的技巧

既然与投资者谈判是一件比较困难的事情，那要想将其做好的话，就必须掌握一些技巧。首先，展现出自己的真正实力；其次，多备选几个合适的投资者；最后，设定合适的范围和次序。

8.1.1 向投资者展现真正实力

在创业者与投资者之间，不只是谈判桌上的面对面谈判，更多的是谈判桌外的实力竞争。创业者在与投资者进行融资谈判时，要用实力说话，吸引投资者加大"投注"。

谷歌在需要资金进行市场扩张的时候，由于受到了很多用户欢迎，每天搜索次数不断增长，使用频率越来越高，媒体也非常关注，风险投资对此很感兴趣。

在实力的基础上，谷歌进行了融资谈判：第一次，拉里·佩奇和谢尔盖·布林向红杉资本的合伙人迈克·莫里茨先生表明了立场，他们准备融资 2 500 万美元，出让 20% 的股份。

第二次，拉里·佩奇和谢尔盖·布林同时向另一家投资大佬 KPCB 公司发出了邀约，最终结果是：KPCB 的老板约翰·杜尔先生与红杉资本的迈克·莫里茨先生作出了同样的决定。

第三次，另外一家投资机构找上门来，给出谷歌 1.5 亿美元的更高估值，谷歌获得谈判主动权，约翰·杜尔与迈克·莫里茨答应了拉里·佩奇和谢尔盖·布林的条件。

所有的迹象都表明，谷歌的两位创始人做了三笔超级成功的生意，既拿到发展所需的资金，同时还牢牢掌握了控制权。

通过分析谷歌的案例我们可以知道，创业者在面对投资者或投资机构时，需要了解自己的实力，把控主动权。这样的谈判可以实现双赢局面，即创业者和投资者都能得到持久的价值回报。

8.1.2 不要把希望放在一个投资者身上

在进行融资谈判时，并不是随便任何一个投资者都可以，而是要根据融资的目标和策略进行选择，并对选中的每一个投资者进行尽职调查，作全面了解。

而且，选中的投资者越多，融资的成功率也越高，最重要的是增加了谈判的自由度，可以相对沉着冷静地面对。因此，为了占据主动地位，创业者应该多备选几个合适的投资者，具体可以从以下几个方面着手，如图 8-1 所示。

备选所在行业领域专业投资者

备选有成功案例的投资者

备选有文化认同的投资者

备选能提供优质资源的投资者

备选了解融资需求的投资者

图 8-1　备选多方面价值的投资者

1. 备选所在行业领域专业投资者

对于初创企业来说，最需要获得行业专家的帮助以及寻找志同道合的合作伙伴。要满足这方面的需求，创业者需要寻找那些领域内的专业投资者，他们通常有丰富的人际关系资源。

2. 备选有成功案例的投资者

通过分析已投资案例锁定优秀的投资者是创业者最常使用的方法。创业者可以搜集和分析目标投资者的已投资案例，然后从中找出比较合适的几个。

2018 年 4 月 2 日，福布斯"全球最佳创投人"榜单（The Midas List 2019）

公布，其中的中国投资者供大家参考，如表 8-1 所示。

表 8-1　福布斯"全球最佳创投人"中国投资者榜单

排名	姓名	机构	投资案例
1	沈南鹏	红杉中国	阿里巴巴、京东、拼多多、美团
5	甘剑平	启明创投	哔哩哔哩、美团点评、蘑菇街
6	徐新	今日资本	京东、益丰大药房、美团
7	童世豪	GGV	Wish、小红书
12	徐小平	真格基金	小红书、美菜
12	宓群	光速中国	拼多多、融 360
17	李骁军	IDG 资本	拼多多、哔哩哔哩
19	李宏玮	GGV	亿航 184.YY
20	张震	高榕资本	拼多多
25	朱啸虎	金沙江创投	滴滴出行、饿了么、ofo
30	高翔	高榕资本	虎牙
43	刘二海	愉悦资本	摩拜、蔚来汽车
44	计越	红杉中国	饿了么
47	曹毅	源码资本	趣店、今日头条
48	陈维广	蓝驰创投	美丽说、瓜子
53	周逵	红杉中国	华米科技、美丽说
54	梁颖宇	启明创投	再鼎医药、启明医疗
60	符绩勋	GGV	满帮、美菜
84	过以宏	IDG 资本	Farfetch、爱奇艺
89	方爱之	真格基金	小红书、出门问问、格灵深瞳
97	林欣禾	DCM	途牛、快手、58 同城

3. 备选有文化认同的投资者

投资者与创业者的地位是平等的，融资也是互相选择的过程。创业者应该多收集不同投资者对企业文化基因和对其他投资者的看法，并备选与自己相符的投资者。

4. 备选能提供优质资源的投资者

投资者拥有的资源不仅仅是充足的资金，还包括品牌、管理经验、经营战略等。对于初创企业来说，找一个位于产业链上游的投资者是增强资源优势的不错选择。另外，让投资者帮助企业拓展业务也是一种比较理想的状态，这有助于企业的长久发展。

5. 备选了解融资需求的投资者

创业者进行融资的主要目的是满足融资需求，获得资金支持，如果投资者能够对融资需求有自己的判断和方法，那就再好不过了。这就要求创业者明确自己的真实需求，想清楚备选投资者在谈判过程中能否理解和满足你的真实需求。

8.1.3 谈判之前，先考虑好范围和次序

为了让融资谈判获得最好的可能结果，创业者除了要展现自身实力以外，还要进行精心、全面地设计，具体可以从以下几个方面着手，如图 8-2 所示。

图 8-2 融资谈判设计

谈判初期，应该先锁定合适的范围，如果你的目标重点在资金上，希望多融一些钱，那么就要多接触一些投资者，因为接触的投资者越多，最终获得更多资金的可能性就越大。

如果你的目标重点是获得投资者背后的资源和背书，那么少数几个具有高度战略意义的投资者就已经足够，不过在这种情况下，需要针对这几个投资者定制不同的谈判接触方式。

根据目标安排好谈判接触次序以后，就可以按照次序进行谈判，一步步缩小有意向的投资者范围，然后再在这个范围内进一步确定接触目标投资者的顺序。

托马斯·斯坦伯格（Thomas Stemberg）先生是办公用品一站式采购平台史泰博（Staples）的创始人，他最早发展了办公用品连锁超市，为企业提供一站式办公用品采购服务。

在创业初期，斯坦伯格凭借第一笔风险投资的支持，将快速低价的办公用品概念通过办公超市成功推广出去。他当时已经预见到，一旦他的想法成功，将有不少模仿者跟进，所以他一边开店，一边筹集资金，希望能够迅速扩张。

但在第二轮融资时，投资者不肯答应为史泰博作出较高的估价，在这种情况下，斯坦伯格重新改变了谈判的范围，从风险投资机构扩展到投资银行、养老基金机构，以及具有独立视角的高净值人士（High-net-worth Individuals）等。

在谈判过程中，部分投资者或机构支持了斯坦伯格提出的更高估价，这样，他重新和投资者谈判就占据了主动地位，并最终让投资者答应了自己的交易方案。

8.2　如何设计融资交易

在谈判过程中，创业者与投资者好似一对天生的矛盾体，双方之间的利益在妥协和坚持中来回争夺。因此，作为其中一方，创业者应当客观看待与投资者的关系，理性面对与投资者的博弈。

另外，在进行融资时，创业者还应该设计好交易要点，具体包括控制权和股份比例、估值与报价、投资协议等。这些要点需要根据机会、成本、收益、风险融资策略四象限原则进行合理的设计，以便使创业者在谈判过程中，获得自己想要的融资结果。

8.2.1　把握控制权，安排好股份比例

在谈判过程中，需要注重控制权和股份比例的设计，这一点非常影响最终的结果。如果控制权不合理，将面临失去对企业控制的风险；如果股份比例不合理，将无法与投资者达成一致。

因此，必须设计合理健康的分配方案，在保证你对企业控制权的基础上可以根据实际情况确定具体的股份比例。

很多创业者徘徊于对融资的迫切需求与对企业控制权的舍和留之间。不过需要注意的是，千万不要急于求成，在控制权问题上坚决不能妥协。

创业者对企业的控制权主要体现在两个方面，一是股权层面的控制权，二是董事会层面的控制权，具体内容如表8-2所示。

表8-2　控制权的组成

层面	控制要素	注意要点	
		争取目标	避免情形
股权	绝对和相对控股以及否决权	创始股东绝对控股（大于50%）或相对控股（第一大股东）	避免50：50、40：40：20等导致决策僵局的股权架构
	投票权和股权分离	通过投票权委托、一致行动协议或者双层股权架构把握投票权	避免融资过快稀释股权，导致创始人失去对企业的控制
董事会	控制权	争取创始股东对董事人数的绝对或者相对控制	避免非创始股东控制董事会
	日常经营	争取由创始人或创始合伙人兼任董事长、总经理和法定代表人	避免非创始股东控制法定代表人、公章、营业执照等印鉴

综上所述，创业者要想牢牢把握企业的控制权，需要注意以下两个方面。

第一，释放比例要谨慎。

初创企业早期融资的估值比较低，但随着不断的发展壮大，估值和溢价会越来越高，所以融资对创始人股权稀释的效果也会越来越小。因此，创始人需要仔细权衡，即要保证企业的现金流稳定，也要兼顾股权的稀释比例。

第二，投票权与股份份额可以分离。

创始人可以通过投票权委托、签订一致行动协议、实施双层股权架构等措施拿到控制权。一些以财务投资为目的的小股东会基于对创始人的信任同意这样的安排，从而维持企业的稳定。

另外，创始人一定要注意，即便在股权层面失去了控制权，也要注意维持董事会层面的控制权。

创业初期往往是投资者与创始人之间的蜜月期，大部分投资者都愿意让创始人掌握一定控制权。但随着企业的发展壮大，投资者很容易因为利益问题与创始人发生矛盾冲突，此时，控制权就成为创始人与投资者博弈胜负的关键。

中国著名营销专家翟子休先生认为："刘强东融资一个显著特征就是烧钱，但保证京东充裕现金流，处处透露着庞氏智慧。"自从创业之初，刘强东就规划好了一切，预知按照京东多次巨额融资的计划，其股权将被不断稀释。

在这种情况下，刘强东通过对自己投票权 1 股等于 20 股的设计保证了控制权不会落在他人手上，当然，前提是他的股权不被稀释至低于 4.8%，控制总投票权超过 50%。

为此，刘强东制定了自己持有的 B 股投票权 1 ： 20 的罕见模式保证自己对京东的控制权。所以，创业者应当防患于未然，在谈判时合理设计分配方案和控制机制，在满足融资资金需求的基础上牢牢掌握控制权。

8.2.2　根据估值给出合理报价

在融资中，估值是一项大事，如果要进行估值的谈判，除了掌握本书第 9 章中的方法外，创业者还应当学会报价技巧。报价最好高过预期的底牌，这样可以为谈判留出周旋的余地，因为投资者很可能会不断降低估值，而不会抬高价格。

另外，还有一个技巧是根据"支点价格原理"进行报价，这个技巧是以创业者的目标估值为支点，投资者给出的估值比创业者的目标估值低多少，创业者的报价就比自己的目标估值高多少。

例如，创业者的目标估值是 500 万，对方给出 400 万，创业者就应该要 600 万，这样可以帮助创业者在投资者试图降低估值的情况下，朝着对自己有利的方向谈判。

8.2.3　退出机制的 4 种常用方式

从本质上看，投资就是一个投资——退出——再投资的循环过程。作为投资的最后一环，退出是投资者所投资的企业发展到一定阶段后将股权转化为资本形式而使得股权持有者获得利润或降低损失的策略。

创业者在进行谈判时，需要提前制定退出机制，明确什么时候，在什么情况下可以退出，这是投资者比较关心的关乎自己利益的一个部分。对于投资者来说，退出方式主要有 4 种，如图 8-3 所示。

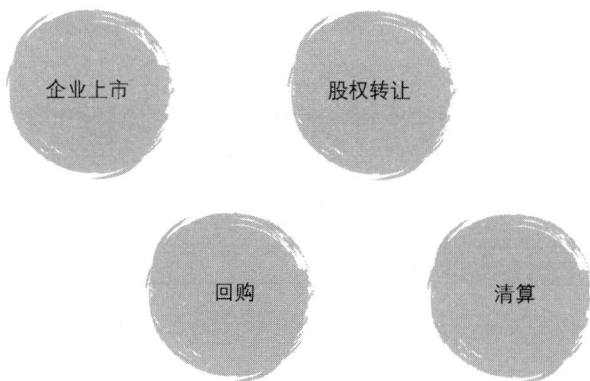

图 8-3　投资者的 4 种退出方式

1. 企业上市

企业上市是投资者最理想的退出方式，有利于实现投资回报最大化。企业上市之后，股票可以在证券交易所自由交易，投资者只需卖出股票即可变现。

股市的飙升和更高的估值使得上市成为一众投资者梦想的退出方式。然而，上市虽好，但是对企业资质要求较严格，手续比较烦琐，成本过大。大部分企业都不会向投资者保证一定能上市，但是投资者看准项目后更愿意赌一把。

2. 股权转让

股权转让是指投资者将自己持有的股权和股东权益有偿转让给他人，从而实现股权变现的退出方式。根据股权交易主体不同，股份转让分为离岸股权交易和国内股权交易。

3. 回购

回购是指投资者可以通过股东回购或者管理层收购的方式退出。回购价格的计算方式有两种：一是按投资者持有股权的比例计算；二是由投资者和代表企业50% 投票权的股东共同认可的独立第三方评估机构评估的待回购股权的公允市场价格。

通常情况下，回购的退出方式并不理想，因为它只是保证了当目标企业发展不好时，投资者所投资金可以安全收回。

4. 清算

创业者不会希望自己的企业发生清算，投资者更不希望。因为通过清算来退出投资是投资者获益最少的方式。但如果企业经营失败或者其他原因导致上市、股权转让等不可能时，投资者就只能通过这种方式退出。

在谈判中，向投资者说明退出机制方案就像给他们吃了定心丸一样，他们也会因此而知道创业者的思虑是比较长远的。

8.2.4 准备一份合格的投资协议

在谈判过程中，关于投资协议的问题，创业者和投资者都可以直接表达意见。其中，条款与股权、估值一样，是双方都非常重视的部分，所以必须要认真对待。

如果认为无法达到对赌条件，明确说出原因，请求投资者降低条件；如果不想按投资者的要求进入新领域，明确说出理由；如果觉得分期投不好，明确说出并给出理由。

如果谈判达成，一定是双方都认可的结果，一些创业者不懂这个道理，只要是投资者开的条件就完全接受，但是等投资后问题就出来了，于是就开始到处诉苦说自己的投资者非常苛刻。

还有一些创业者甚至与投资者的矛盾激化，最终导致无法挽回的结果，例如，失去控制权、融资失败等。万科股权之争就是一个非常有代表性的案例。

根据万科总裁郁亮的说法，万科股权之争就像是一部连续剧，在这部连续剧里，既有资本激进举牌、管理层愤怒对抗，也有双方互相妥协温和谈判，还有监管层含有深意的表态。

在持续两年后，万科股权之争似乎迎来了大结局，这个结局也成为企业如何应对资本举牌的参考样本。2017 年 1 月 12 日晚间，万科发布《关于股东签署股份转让协议的提示性公告暨公司股票复牌公告》，具体内容如下：

特别提示：公司 A 股股票将于 2017 年 1 月 13 日开市时复牌。

万科公司股份有限公司（以下简称"公司"或"万科"）于 2017 年 1 月 12 日收到华润股份有限公司（以下简称"华润股份"）和深圳市地铁集团有限公司（以下简称"地铁集团"）的通知，公司股东华润股份及其全资子公司中润国内贸易有限公司（以下简称"中润贸易"）于 2017 年 1 月 12 日与地铁集团签署了《关于万科公司股份有限公司之股份转让协议》（以下简称"《股份转让协议》"），华润股份和中润贸易拟以协议转让的方式将其合计持有的公司 1 689 599 817 股 A

股股份转让给地铁集团（以下简称"本次股份转让"）。转让完成后，华润股份和中润贸易将不再持有公司股份。

现将本次股份转让有关情况公告如下：

一、本次股份转让有关情况

（一）协议当事人

转让方：华润股份、中润贸易

受让方：地铁集团

（二）转让标的及对价

根据《上市公司收购管理办法》《国有股东转让所持上市公司股份管理暂行办法》等相关法律法规及部门规章的规定，交易双方经友好协商，转让方拟将所持有的 1 689 599 817 股万科 A 股股份以协议转让的方式转让给受让方，约占公司总股本的 15.31%。标的股份的转让价格为人民币 37 171 195 974 元，对应的每股交易价格为 22.00 元 / 股。

（三）转让前后各方持股情况

股东名称	股份转让前持股情况		股份转让数量（股）	股份转让后持股情况	
	所持 A 股股分（股）	占总股本的比例		所持 A 股股分（股）	占总股股本的比例
华润股份	1 682 759 247	15.24%	1 682 759 247	0	0
中润贸易	6 840 570	0.06%	6 840 570	0	0
地铁集团	0	0	—	1 689 599 817	15.31%

二、其他相关说明

1. 本次股份转让须经国务院国有资产监督管理委员会等有权审批机关批准后方可组织实施，本次股份转让尚存在不确定性，敬请广大投资者理性投资，注意投资风险。

2. 本次股份转让获得批准并完成过户登记手续后，公司仍不存在控股股东和实际控制人。

3. 公司将密切关注本次股份转让的进展情况，及时履行信息披露义务。

4. 公司 A 股股票将于 2017 年 1 月 13 日开市时复牌，后续本公司将提请相关各方及时披露简式权益变动报告书。

三、备查文件

1.《华润股份有限公司关于协议转让所持万科公司股份有限公司股份的通知函》。

2.《深圳市地铁集团有限公司告知函》。

华润的彻底退出意味着万科的股权架构暂时稳定。万科管理层持股以及深圳地铁持股，再加上此前公开表态要和万科管理层站在一起的安邦，万科管理层的战队力量已经超过了宝能系。而且，在监管压力下，宝能系、恒大系的再度增持也受到了一定的限制。

通过上述万科股权之争的案例，创业者应当从学到以下几个方面的技巧和注意事项：

第一，创业者从开始融资的那一刻就应当认识到，寻找发展理念与自己一致的投资者非常有意义。不然，就算拿到了千万融资，投资者与自己的价值观和未来发展方向不一致，后期也会出现很多矛盾，不利于企业的发展。

第二，在谈判过程中，创业者要敢于对投资者说"不"。在引进投资者时，应当在投资协议中约定好融资后各项事宜，以便保证双方权利。对于不利于自己的一些条款，创业者应当直接拒绝。

所以说，创业者需要在谈判中学会权衡融资的机会、成本、收益、风险因素，选择最佳交易方案。

第 9 章

估值：以资产及获利能力为基准

估值（Valuation）是指企业在每轮融资中对自身价值的预先评估，可以采用的方法有很多，例如，可比公司法、销售额计算法等，这些方法都有自己的流程和特点。

9.1　相对估值

对于估值来说，相对估值是一个重要的部分，主要包括可比公司法和可比交易法。其中，可比公司法的关键是要找到一组合适的可比公司；而可比交易的重点则是求出融资价格乘数。

9.1.1　可比公司法

可比公司法是投资者比较喜欢的估值方法，即用可比上市公司乘数来决定估值。因为可比上市公司的数据通常更有时效性和真实性，所以得出的结果也比较准确可信。

不过必须注意的是，要想使用可比公司法，关键是掌握其步骤，具体包括以下3个，如图9-1所示。

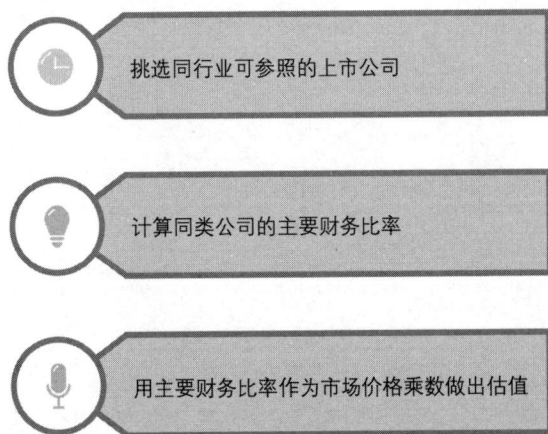

挑选同行业可参照的上市公司

计算同类公司的主要财务比率

用主要财务比率作为市场价格乘数做出估值

图9-1　可比公司法的步骤

1.挑选同行业可参照的上市公司

可比公司法可以提供一个市场基准，然后依照这个基准来分析目标公司当前的价值。这里的市场基准应当是目标公司同行业可参照的上市公司，主要作用是提供一个相关性很强的参考。

通常情况下，应该先从目标公司的竞争对手查起，因为竞争对手都具有相似的关键业务、发展战略，以及风险。在具体操作上，可以通过百度搜寻竞争对手，数量以 5 到 10 个为宜。

2. 计算同类公司的主要财务比率

同类公司的主要财务比率具体包括盈利能力、投资收益、杠杆率、相关倍数等。

盈利能力可以通过毛利率，EBITDA（税息折旧及摊销前利润）率，EBIT（息税前利润）率以及净利润率四个指标分析，不过这四个指标对盈利能力的衡量都不相同。

投资收益通常用三个指标来分析，分别是，已投资本回报率（ROIC）、股东权益回报率（ROE）以及资产回报率（ROA）。

杠杆率主要是指公司的负债水平，其衡量指标一般是债务对 EBITDA 率。一般来说，杠杆率越高，公司陷入财务困境的风险就越大。所以投资者都会十分关注。

在所需财务数据收集好，制成表格之后，就可以计算同类公司的相关倍数，例如，市盈率（P/E）、公司价值 /EBITDA 率、公司价值 / 销售额等。

3. 用主要财务比率作为市场价格乘数作出估值

挑选出同行业可参照的上市公司并计算出主要财务比率后，接下来就需要将目标公司与同类公司进行分析和比较，从而进一步框定相对的估值范围。

首先，我们需要在同类公司里筛选出与自己业务和财务特征最为接近的那一个，并排除离群值；然后，应该分析和比较交易倍数，然后找到最佳可比公司。

基于以上比较分析以及关键性业务特征，财务绩效指标对比和交易倍数的比较，就可以识别出和目标公司最接近的可比公司，这些可比公司能够帮助我们框定最终估值的范围。

9.1.2　可比交易法

可比交易法是指在估值过程中，选择同行业中与目标企业规模相同，已经被投资、并购的企业，然后在这些企业的基础上，获取与估值相关的财务数据，最后计算出相应的融资价格乘数，并以此为依据对目标企业进行估值。

举例来讲，A 企业在不久之前获得融资，B 企业与 A 企业同属一个行业，并且在业务领域上也十分相似，但是 B 企业的经营规模比 A 企业大三倍，那么在对 B 企业进行估值时，就需要在 A 企业的估值上扩大三倍左右。

如果使用可比交易法，虽然实际的估值会出现偏差，但从整体上来看还是具备一定的可参考性。

9.2　标准计算估值

标准计算估值主要是通过某些特定标准来衡量企业的价值，所谓某些特定标准主要包括市盈率、现金流量等。此外，随着时代的发展，行业估值法也越来越受欢迎。

9.2.1　利润计算估值

一般快速发展的企业比较合适按照利润来计算估值，其中的逻辑是投资者投资的是一个企业的未来，是针对盈利能力给出当前的价格，所以计算方法为：

$$估值 ＝ 预测市盈率 × 企业未来 12 个月利润$$

通常来说，风险投资机构确定预测市盈率时普遍用到的方法是给历史市盈率打折扣。例如，互联网行业的平均历史市盈率是 60，那么预测市盈率就是 50 左右。

对于同行业、同规模的非上市目标企业来说，参考的预测市盈率会继续打折扣，一般为 20 到 30；

如果目标企业在同行业中的地位不是非常突出，参考的预测市盈率会再打个折扣，基本上就变成 10 到 15；

如果某互联网初创企业预测融资后下一年度的利润是 1 000 万元，其估值大概就是 1 亿到 1.5 亿元。

9.2.2 销售额计算法

如果企业还没有产生利润，不妨以销售额为基础，按照行业的平均利润率进行估值，具体如表 9-1 所示。

表 9-1 销售额计算法

行业	平均利润率	年销售额	估值计算
某行业内企业	X	上一年年度销售额或者下一年预计销售额 Y	X×Y

例如，制造业利润率超过 35%，估值可以是最近一期的年度销售额或预计下一年的销售总额乘以 2；批发业利润较低，估值可以是年度销售额乘以 0.5；零售业的估值可以是年度销售额乘以 1。

当然，以上所说的都是一般情况，具体情况还要具体分析，但原则上不应偏离这一基础太远。

9.2.3 现金流量折算法

对于现金流量折算法，首先是估算未来五年或者十年的自由现金流，要做好这项工作，必须对目标企业的业务和竞争优势有充分了解，同时还要有一定的专业基础。

创业者与投资者达成的一致看法可以反映在对未来现金流的计算中，例如，目标企业的利润率会逐渐提高，或者销售增长速度会不断降低，又或者需要增加投入来保养现有设备等。

假设 A 企业 2014 年的现金流是 1 000 万元，销售前景不错，经过一番研究，我们认为该企业的自由现金流在未来五年会以 10% 的速度持续增长。

然后由于竞争加剧，2019 年（5 年后）A 企业的现金流增长速度降为 5%，在这里我们预计未来 10 年的现金流，从第 11 年开始算为永久价值。

那么根据以上信息，我们列出从第 1 年到第 10 年的现金流，具体如表 9-2 所示。

表 9-2　从第 1 年到第 10 年的现金流

时间	现金流（万元）
第 1 年	1 100
第 2 年	1 210
第 3 年	1 331
第 4 年	1 464.10
第 5 年	1 610.51
第 6 年	1 691.04
第 7 年	1 775.59
第 8 年	1 864.28
第 9 年	1 957.49
第 10 年	2 055.36

在预计自由现金流时，投资者通常会特别小心，因为未上市企业的历史财务状况不像上市公司那样透明、清晰。

未上市企业通常历史较短，而且没有披露财务和重要信息的监管要求，甚至没有规范的成本核算，所以创始人往往会以远低于市场价的工资为企业工作。因此，当你真的经营一家这样的企业时，可能不得不为估值所依赖的假设作出会计准则上的调整。

9.2.4　行业估值法

由于各个行业的特点不同，采用的估值方法也会有所不同，具体如表 9-3 所示。

表 9-3　各个行业的估值方法

行业	特点	估值方法
传统制造业	重资产型企业	以净资产估值方法为主，盈利估值方法为辅
服务业	轻资产型企业	以盈利估值方法为主，净资产估值方法为辅
互联网	互联网企业	以用户数、点击数和市场份额为远景考量，以市销率为主
高科技	技术型企业	以市场份额为远景考量，以市销率为主
新兴行业	区块链企业	以加密资产 Token 估值为主

第 10 章
投资条款清单详细解读

投资条款清单（Term Sheet）规定了融资协议中的关键性条款，但并不具备法律效力。如果创业者缺乏融资经验，那么就需要多了解这方面的知识和技巧。实践证明，对于不懂投资条款清单的创业者来说，即使投资者动了手脚，也很难察觉，从而造成损失。

10.1 投资条款清单的 3 大核心

在一份投资条款清单中，通常包括三项核心条款，分别为估值、投资额度、交割条件。这些条款需要创业者着重设计、反复阅读，以保障自己和投资者的利益。

10.1.1 估值条款

估值条款是投资条款清单中必不可少的部分，该条款有两个关键点，首先是估值的计算；其次是估值的分类，即对投前估值还是投后估值进行判断。

1. 估值的计算

估值多少是投资者和创业者都非常关注的内容，详细的计算方法在第 9 章中已经有介绍。

2. 对投前估值还是投后估值进行判断

在过去，投资者都是以投前估值为根据进行投资，但实际上，了解了投前估值和投资者的出资额以后，还可以计算出企业的投后估值，具体的公式如下：

$$投后估值 = 投前估值 + 投资者的出资额$$

例如，企业 A 的投前估值为 2 000 万元，投资者的出资额为 500 万元，那么投后估值就为 2 500 万元，而投资者的股权比例就为 500 万元 /2 500 万元 =20%。

在早之前，创投圈使用的就是这种计算方式，当时，融资活动一般有一两个投资者，不会出现十个甚至十个以上投资者，所以在 1 000 万元的基础上融资 500 万元是对投融资常用的说法。

随着投资者数量的增多，投资者在一家企业的股权比例会降低，依然是上面的例子，如果其他投资者跟风投资，有一个投 100 万，还有两个投 200 万，那么该企业的投后估值就变成了 2 800 万，而第一个投资者的股权比例就变成 500 万/2 800 万 = 17.86%。

在这种情况下，投资者就会与企业产生纠纷，于是，使用投后估值的说法逐渐流行起来。在投后估值确定以后，不管跟风投资的跟投人有多少，投资者固定出资额的占股比例都不会变。

在投资条款清单中，估值条款的内容一般是这样的：企业创立完成后，投资者以人民币 ××× 万元的投后估值，投资人民币 ××× 万元进行溢价增资。溢价增资完成后，企业注册资本增加为人民币 ××× 万元，投资者取得增资完成后公司 ××% 的股权。

10.1.2　投资额度

在投资条款清单中，投资额度表明了投资者会给企业投资的总金额。一般来说，投资者取得的股份，以及这部分股份占稀释后总股份的比例都会有附带说明。

另外，投资额度条款还可以规定投资者的投资方式，通常是除了购买普通股以外，还可以选择优先股、可转债等。不过，即使是普通股，很可能也会有限制条件，创业者应当多注意这一方面。

下面，大家可以看一下天使湾创投的投资条款清单对投资金额和方式的描述，以此为参考，具体如下：

投资者将通过增资的方式以现金 ××× 万元人民币对企业进行投资，认购企业 ××× 注册资本，投资金额多于注册资本的部分计入资本公积，投资完成后，投资者将持有 ××% 的股权。

投资额度条款通常是投资条款清单中第二个核心条款，创业者需要对此项条款认真审核。一些有名望的企业在制定投资条款清单时，对于投资额度条款可能会有其他规定，下面一起看看腾讯对大众点评投资时的情形。

曾经被 BAT 三巨头视为硬骨头的大众点评最终还是被拿下，接受了腾讯的投资。

2014 年 2 月 19 日，腾讯对外宣布投资大众点评，在细节上，大众点评方面声称投资额度为 4 亿到 5 亿美元，股份比例为 20% 到 25%。对于投资额度区间，大众点评方面称腾讯没有任何异议。

腾讯投资部人士则对外表示："腾讯的初期投资金额约为 4 亿美元，占股 20% 左右；另外还有一个'选择权'，具体而言，如果大众点评在海外上市，腾讯在一年内有权按照 IPO 价格增持 5% 的股份。最终，腾讯持股将达到 25%。"

2017 年 10 月，腾讯再次对美团—大众点评（2015 年 10 月，美团与大众点评合并）领投新一轮 40 亿美元融资，对美团—大众点评的估值也增长为 300 亿美元。

2018 年 9 月 20 日，美团—大众点评在港交所成功上市，定价 69 港元，市值 483 亿美元。至此，腾讯持股超过 20%，成为美团—大众点评的第一大股东。

10.1.3 交割条件

某企业投资业务负责人张凯曾经遇到这样一件事情：在一份投资条款清单中，投资者将获得母公司批准作为履行交割的条件，结果，投资者以母公司批准程序复杂为由拖延投资进程，经过漫长的等待后，投资者又称没有获得母公司批准所以无法对其投资。

遇到这种情况，张凯只能默默承受损失，但其实最大的损失不是张凯白白浪费了时间和精力，而是他本来可以在这段时间内为公司拉到其他投资者的融资。

之所以出现这种情况，是因为张凯对交割条件的认识不足，他本应该与投资者协商将获得母公司批准作为投资者支付投资款的先决条件，然后再加上一个最后期限，这样才公平。

实践中，很多创业者对交割条件的认识不到位，包括一些大公司和他们的律师也可能会将交割条件与付款的先决条件混淆。下面我们就来讲一讲什么是交割条件。

在投资条款清单中，交割条件是指股权投资交易当事人进行股权转让或资产过户等交割行为需要全部满足的前提条件。在双方签订了正式投资协议后，如果投资条款清单中规定的交割条件没有被全部满足而且没有被当事人放弃，那么当事人不具有进行交割的义务，交割也就无法进行。

一般来说，投资条款清单中规定的交割条件有六点，具体如下：

第一，投资者尽职调查后，对调查结果表示满意；

第二，投资者对最终的法律文件满意，包括投资协议、根据本轮融资修订而成的章程以及股东会决议等；

第三，企业为本次融资完成所有的资质认证、拿到交易所必需的证照及其他政府审批等；

第四，管理层核心人员与投资者选定的人员签署并交付格式和内容均令投资者满意的劳动合同；

第五，自本条款清单签订之日起，创始人应当全职工作；

第六，根据尽职调查的最终结果，实施投资协议中已经约定的其他交割条件。

通过分析交割条件，可以从中看出投资者考虑的问题，仔细研究一下绝对没有坏处。通常情况下，投资者设置交割条件时首先会考虑自己的风险承受能力和风险偏好等因素。

如果投资者希望在短期内完成股权交易，且具有较高的风险承受能力，那么交割条件的设定会相对简单，基本上只有相对重要的事项；如果投资者追求低风险，那么会设定较为复杂的交割条件，而创业者执行起来也会相对困难。

其次，投资者还会考虑相关条件的可实现性与可操作性，还有交易成本的高低。如果投资者要求你采取某一行动的可实现性与可操作性较低，或者将产生巨大的交易成本，那么这并不适合作为交割条件，否则就会导致交易失败。

以前述的张凯的遭遇为例，获得投资者母公司的批准程序复杂，花费时间较长，并不适宜作为交割条件处理。

之前会有投资者和创业者见个面就一拍即合立刻打款的现象，但是现在已经不可能，因为包括天使投资在内的所有投资都已经逐渐走向正规化、机构化，随之而来的就是走一套严格的内部流程。

在这种大趋势中，如果你对某些专业的投融资知识还不够了解，那就必须好好补补课。

10.2　优先权

在融资中，拿到优先权的投资者一般可以享受优先购买权、优先清算权以及优先跟投权等。对于创业者来说，优先权已经成为投资行业默认的规矩，基本上没有谈判余地。

10.2.1　优先购买权

优先购买权也叫优先受让权，投资条款清单中关于优先购买权的规定一般有以下两种：

第一种是创业者为防止股份过于稀释，规定投资者按持股比例参与优先认购。惯常表述为："如公司未来进行增资（向员工发行的期权和股份除外），投资者有权按其届时的持股比例购买该等股份。"

第二种是企业发生后续融资，投资者可以享有优先购买全部或部分股份的权利，投资者放弃购买的，创业者才能向第三方融资。通常表述为"公司上市之前，股份持有者尚未向其他股份或优先股的已有股东发出要约，则不得处分或向第三方转让其股份。根据优先购股／承股权，其他股东有优先购买待售股份的权利。"

股东享有转让部分或全部的股份的权力，但是考虑到企业的稳定性和企业股东之间的信任问题，优先购买权就诞生了。下面看一下股东享受优先购买权的前提条件。

我国《公司法》第七十一条规定："有限责任公司的股东之间可以相互转让其全部或者部分股权。股东向股东以外的人转让股权，应当经其他股东过半数同意。股东应就其股权转让事项书面通知其他股东征求同意，其他股东自接到书面通知之日起满三十日未答复的，视为同意转让。其他股东半数以上不同意转让的，不同意的股东应当购买该转让的股权；不购买的，视为同意转让。经股东同意转让的股权，在同等条件下，其他股东有优先购买权。两个以上股东主张行使优先购买权的，协商确定各自的购买比例；协商不成的，按照转让时各自的出资比例行使优先购买权。"

这说明，对于不影响公司稳定性的股份内部转让，法律不作强制性规定，允许其在章程中自由约定。但对于影响企业稳定性的股权外部转让，因为涉及利益方众多，所以需要设定前提条件。

优先购买权有助于维持企业的信用和企业的稳定经营，同时，如果股东有异议，需要在异议期限内购买被转让股权，否则就被视为同意其股权转让。因此，我们可以得到优先购买权适用的前提为发生股权外部转让，而其他股东没有异议。

对于创业者来说，如果股东享受优先购买权但没有期限限制，一定会造成交易资源的浪费并进一步危及交易安全。对此，创业者与投资者签订投资条款清单时，可以根据《公司法》第七十二条规定对优先购买权给予合理的期限限制。

创业企业进行股权融资时涉及的法律问题颇多且比较棘手，股份转让及内部股东利益的分配不均很容易导致僵局，因此创业者应当在融资之前做好充分考虑。

10.2.2 优先清算权

在投资条款清单中，有关优先清算权的条款非常重要，这里所说的优先清算权，是指投资者在目标企业清算或结束业务时，具有的优先于其他普通股东获得分配的权利。

通常情况下，优先清算权在计算时有固定的方法，即优先清算权 = 优先权 + 分配权。假设投资者投资了 3 000 万，占股比例 30%，而可分配净资产为 8 000 万元，优先清算权条款中规定按照投资金额的 1.5 倍优先进行分配，那么其公式如下：

优先权下的投资回报：3 000 万元 × 1.5=4 500 万元

分配权下的投资回报：（8 000 万元 −3 000 万元）×30%=1 500 万元

投资者总回报：4 500 万元 +1 500 万元 =6 000 万元

其实，优先清算权是在清算事件出现之后才会生效，对于创业者来说，清算事件是一个噩梦，预示着破产、倒闭；不过对于投资者来说，清算事件只是一件"资产变现事件"，预示着需要通过其他手段获得回报。

对于大部分创业者来说，创业存在着很大的风险，而融资过程中，投资者会为了降低风险，要求加上优先清算权条款。因此，要想避免不必要的麻烦，创业者需要详细了解这一条款。

通常，优秀的投资者不会过分要求优先清算权，因为要求的优先清算权越高，企业获得的利益就越低，这也在一定程度上影响了企业的盈利能力和发展前景。

在达成协议前，融资、投资双方需要对优先清算权进行反复商讨和谈判。一般来说，双方会从以下三种条款（如图 10-1 所示）中选择合适的那一种，以实现利益的平衡。

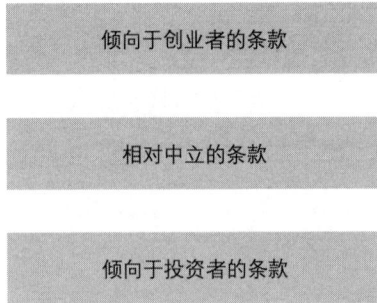

图 10-1 优先清算权的三种不同条款

1. 倾向于创业者的条款

该种条款的规定是倾向于创业者的，即给予投资者 1 倍的优先清算权，而且他们无参与分配权。不过由于投资者需要承担的风险很大，所以很可能在融资过程中出现阻力，所以，在企业的实力未达到一定程度时，尽量选择其他种条款。

2. 相对中立的条款

该条款是指给予风险投资者 1 倍或几倍的优先清算权，并且会附带有上限的参与分配权。通常情况下，投资者和创业者都会更愿意采用这种条款，因为这对于双方来说都是可以接受的，既分担了风险又能够激发活力。

需要注意的是，双方要在优先清算权的倍数和回报上限倍数上进行协商，达成一致。一般来说，双方都乐于接受的优先清算权的倍数为 1 ~ 2 倍，回报上限倍数为 2 ~ 3 倍。

3. 倾向于投资者的条款

倾向于投资者的条款是："给予投资者 1 倍或几倍优先清算权，附带无上限的参与分配权。"创业者及其团队往往不会接受此种条款，因为会承担太大的融资压力，不利于企业的成长和发展。

以上就是优先清算权的三种条款。在进行融资的过程中，需要根据企业的发展阶段、盈利模式等具体情况，选择最合适的那一种，以实现双赢的局面。

10.2.3　优先跟投权

优先跟投权指的是，如果发生清算事件但是投资者没有收回投资款，创始人自清算事件发生之日起 5 年内从事新项目的，投资者有权优先于其他人对该新项目进行投资。

而且，投资者本次投资款与清算事件中投资者没有收回的投资款相加，将视为对新项目的投资款。下面通过数学计算看看优先跟投权是如何发挥作用的。

投资者投资 1 000 万，占股比例 30%，企业可分配净资产 1 500 万元，按照投资款 150% 优先分配，那么：

（1）1 000 万元 ×150%=1 500 万元

（2）（3 000 万元 −1 500 万元）×30%=450 万元

合计：1950 万元

投资者收回的投资款为 1 500 万元，不足部分为 1 950 万元 −1 500 万元 =450 万元。两年后，创始人二次创业，投资者优先投资 500 万元。那么，投资者对新项目的投资款为：450 万元 +500 万元 =950 万元。

除非创始人非常优秀，否则的话，在创业公司清算结束的情况下，很少有投资者愿意再次投资。

10.3　董事会席位

一般情况下，董事会席位条款的表述应该是"投资者有权任命 ×× 名董事（投资者提名董事）在董事会，包括投资者提名董事在内，董事会由 ×× 名董事组成"。对于创业者来说，在该条款的基础上，合理设置董事会席位非常重要。

10.3.1　董事会席位控制功能

一位创始人拥有 60% 的股份，另外两个小股东分别占有 20% 的股份。成立三人董事会后，他们全部做了董事并且各占一个席位，其中一个小股东提议让自己的妻子担任监事，创始人同意了。

很显然，这位创始人还没有意识到自己已经失去了控制权。在股东会，这位创始人拥有 60% 的投票权；但是在董事会，他却只有 33%（三分之一）的投票权，这代表着他的控制权从 60% 降低到了 33%，给企业未来的发展带来了很大隐患。

大多数投资者在投资时只关注两个方面，一是价值，二是控制，投资条款清单中的条款也就相应具有两个维度的功能。

图 10-2 体现了实现价值功能和控制功能的主要条款，可以看出，董事会席位实现的控制功能是最强的。

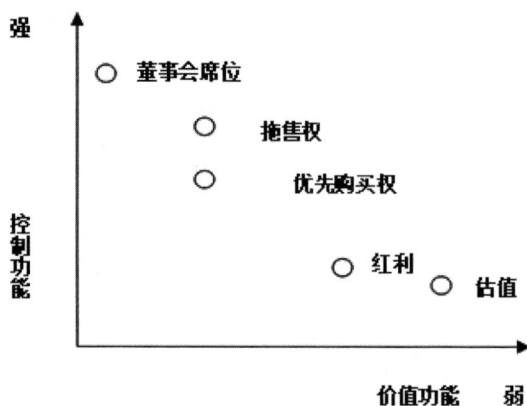

图 10-2　实现价值功能和控制功能的主要条款

一般情况下，为了保障投资后自己的利益、监管企业的运营，投资者会在投资之前要求进入董事会，占有一定数量的董事会席位，获得重要决策的投票权。

美国硅谷有这样一句话非常流行："好的董事会不一定会造就好企业，但不好的董事会一定会毁掉企业。"一些创始人没有注意这一问题，眼光仅仅放在了估值条款上。

就像开头所讲案例中的创始人一样，在不经意间已经失去了绝对的董事会控制权，试想，如果两个小股东试图联手将这位创始人扫地出门，应当是很容易的事情。

因此，对于创始人来说，在计划融资时就可以开始组建董事会，因为董事会不仅影响控制权，还掌控整个企业的命运。

10.3.2　董事会席位设置技巧

如何设置董事会席位？这是所有创业者都应该思考的问题，其核心在于保证创业者及其团队始终占据多数董事会席位，拥有控制权，其中有以下两个需要注意的重点：

1. 董事会席位最好是单数

通常情况下，将董事会席位设置为单数，可以避免决策时陷入投票僵局。而如果董事会席位是双数，那会带来很多不便，具体如图 10-3 所示。

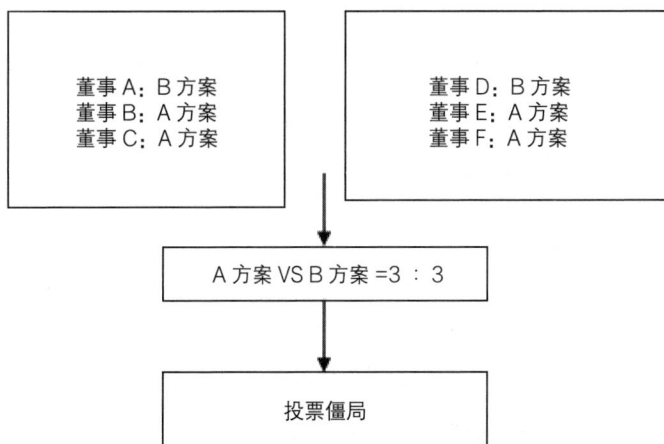

图 10-3　双数董事会席位带来的不便

理想情况下，三人董事会的构成应当是这样的：创始人指派两名董事（其中一名必须是 CEO）；投资者指派一名董事。

2. 创始人可以提名半数以上董事会成员

由于后续融资会带来新的投资者，董事会成员数也会逐渐增加，建议首轮融资后的董事会成员为 3 至 5 人。在完成首轮融资后，创始人应当拥有最多份额的股权，且占有绝大部分的董事会席位。

如果创始人持有大约 60% 的股份，而投资者只有一个，那么，董事会的构成就应该是：两个普通股股东 + 一个投资者 = 三个董事会成员；如果有两个投资者，那么董事会的构成为：三个普通股股东 + 两个投资者 = 五个董事会成员。

投资者可能会要求 CEO 必须占据一个董事会的普通股席位，这似乎是非常合理的，但创业者必须要小心。因为现在担任 CEO 的可能是你自己或者创始股东之一，一旦更换，就不一定还会是你的人。

一般情况下，投资条款清单中的董事会席位条款的主流是"创始人 + 创始人 CEO + 投资者"的模式，但少数其他结构也是合理的，以下述两种情况为例：

（1）一个创始人席位 + 一个投资者席位 + 一个由创始人提名董事会一致同意并批准的独立董事（适用于只有一个创始人的企业）；

（2）一个创始人（A）席位 +1 个 CEO 席位（创始人 B）+ 一个投资者席位 + 一个由创始人或 CEO 提名董事会一致同意并批准的独立董事。（适用于有两个或多个创始人的企业）

另外，投资者要求进入董事会，创业者没必要必须同意。一般来说，入董事会对投资者的持股是有要求的，至少达到 5%。

10.4　一票否决权

很多时候，投资者会指派一名董事对企业经营的重大事项拥有一票否决权，以保证资金的合理使用以及企业的正常运行。也就是说，只要投资者不同意，企业不能进行任何变动。那么，在融资过程中，投资者要求享有一票否决权，创业者应该如何处理呢？

10.4.1　如何对待一票否决权

一票否决权属于投资条款清单中的保护性条款，目的是保护投资者的利益不受到创始人的侵害。拥有一票否决权后，投资者可以直接否决那些损害自己利益的行为。

那么，我们应当如何对待一票否决权呢？首先要了解该条款的范围。通常情况下，一票否决权的范围包括股东会决策和董事会决策两类，具体内容如表 10-1 所示。

表 10-1　一票否决权的范围

项目	具体内容
关于重要事项的股东会决策	● 融资导致的股权结构变化； ● 企业合并、分立或解散； ● 涉及股东利益分配的董事会以及分红； ● 股东会决策涉及章程变更等。
关于重要事项的董事会决策	● 终止或变更企业主要业务； ● 高层管理人员的任命与免职； ● 对外投资等预算外交易； ● 非常规借贷或发债。

10.4.2　如何处理一票否决权

对一票否决权的范围了解透彻后，你会发现这一条款有很大的谈判空间，例如，接受投资者的一票否决权，但是限定投资者在特定事项上使用一票否决权的条件。

例如，当企业以不低于特定估值被收购时，投资者不可以使用一票否决权，这样可以避免投资者对回报期望太高，阻止收购的情况发生。更进一步，你甚至可以将一票否决权的范围限制在对投资者利益有重大损害的事项上。

至于最终的一票否决权条款是什么样子就看你如何与投资者谈判了。此外，你是否接受投资者的一票否决权，还要看投资者的投资金额以及股权比例。

如果是种子和天使阶段较小额度的融资，投资者一般不会要求一票否决权，因为投资金额和股权比例比较小，坚持用一票否决权来保护自己是不合常理的。

如果是 A 轮以及后续轮次的融资，大多数投资者都会坚持要求一票否决权，而由于投资金额和股权比例比较大，所以这一要求也是符合常理的。

创业者还可以要求一票否决权的行使主体需要过半数投资者同意，这一约束措施可以防止单个投资者为了谋取个人利益而不顾及大多数投资者利益使用一票否决权的情况发生。

总之，一票否决权的逻辑是合理的，创业者无须过于害怕。聪明的投资者都知道企业的成功依靠的是创业团队，即便他们拥有一票否决权，也不会否决那些对企业发展有利的重大决策。

而且如果投资者的一票否决权要求过于苛刻，创业者完全可以与他直接沟通，双方将各自的顾虑表达出来以后，一般可以找到一个都愿意接受的平衡点。

10.5 领售权

领售权也叫"强制出售权""拖售权"等，一般是指企业在一个约定期限内没有实现上市，而投资者有权要求主动退出，并强制性要求相关人员与自己一起向第三方机构转让股份。

如果投资者要求这项权利，创业者必须慎重考虑，权衡此次融资是否值得冒如此大的风险。

10.5.1 领售权的风险

绝大多数创业者都搞不清楚，试图退出的投资者只要把自己的股份卖了就好，为什么要求其他股东一起？其实理由很简单，当上市预期不明朗，投资者肯定希望尽快将股权转让出去。

不过，很多企业对收购少量股权根本不感兴趣，基本上都会要求整体收购，所以如果没有领售权，投资者的少数股权就很难卖出去，从而遭受到一定的损失。

可以理解投资者要求领售权是为了充分保护自己的利益，但是在一定情况下如果出现道德风险，创业者将无法保障自己以及企业的利益。例如，硅谷一家企业就经历了投资者滥用领售权，将创始人与员工扫地出门的事情。

由于投资者在这家企业拥有非常多的股份，而且还拥有领售权，于是他单方面迫使其他投资者和创始人团队出售企业。当该投资者提出这样的要求时，企业的银行账户里还有几百万美元的存款，第三方的购买价格只比该存款多一点点。

与此同时，由于该投资者还具有优先清算权，该企业被出售之后，其创始人和所有员工几乎是什么也没有拿到，而该投资者是第三方公司的最大股东，所以也是这次事件的主要受益人。就这样，创始人失去了自己的企业，而员工们也都失去了自己的工作。

下面我们就讲讲如何应对领售权，从原则上说，最好的方法就是拒绝接受该条款，因为一旦接受，就会受制于投资者，只不过程度有所不同而已。

10.5.2 应对领售权的方法

当然，对于创业者来说，除了拒绝接受以外，还有其他应对领售权的方法，具体包括以下 5 种：

1. 提高触发领售权的股权比例

如果你迫不得已接受了领售权，那么可以提高触发相关条款的股权比例。在投资条款清单中，触发领售权的股权比例越高越好，例如：持股 30% 以上的投资者要求行使时，领售权才能被触发。

2. 限制发起领售权的投资者

创业者可以在投资条款清单中写明，领售权不能由单个股东独自发起，而是必须由半数以上股东共同发起，毕竟在很多时候，不同股东之间的意见都是不一致的。

3. 延长行使时间

延长领售权的行使时间可以防止投资者违背设立该项条款的初衷，而且还可以给企业更长时间的自我发展机会，对创业者来说非常有利。例如：投资者有领售权，但不能在投资 1 年、2 年内就使用，可以约定交割 5 年后正式启动。

4. 限制购买企业的第三方主体

限制购买企业的第三方主体主要作用是防止道德风险。如果创业者与投资者签约时约定行使领售权时购买企业的第三方主体不能是竞争对手、投资者投资的其他企业，与投资者有任何关联的企业以及个人等，就不会出现贱卖的后果。

5. 设定原有股东的优先购买权

如果原有股东享有优先购买权，那么投资者在行使领售权时，创始人或其他原始股东就可以以同样的价格和条件将投资者欲出售的股权买下，从而避免企业被其他第三方收购。

如果你是创业者，而且正在与投资者进行投资条款清单方面的谈判，对于领售权条款，一定要做好事先预防工作，毕竟事后救济工作总是不如事先预防来得更简单有效。

10.6 对赌协议

如果投资者发给你的投资条款清单中包含对赌协议，那么你就要小心了，因为它被业内人士称为"魔鬼协议"。对赌协议意味着，一旦企业经营不善，创业者就面临着破产或者失去控制权的风险，后果非常严重。

10.6.1 对赌协议的风险

在资金紧张的压力下，很多创业者认为能拿到钱是第一位，其他都是其次。然而，融资必须有底线，千万不能因为融资难就一味降低要求，随便签下对赌协议。下面为大家介绍对赌协议的内容及隐藏的风险。

对赌协议中对企业的规定通常分为六个部分，即财务业绩、非财务业绩、赎回补偿、企业行为、股票发行、管理层去向。其中，财务业绩是对赌标的中最常见的形式。

对赌协议通常会根据上述六个部分，对达到目标和未到目标进行分别的规定和解释，以其中的财务业绩为例，在达到目标时，一般会作出如下规定：

"如果完成一定销售额、总利润或税前利润、净利润或利润率、资产净值或几年内的复合增长率等财务性指标，则投资者按照事先约定的价格进行第二轮注资或出让一部分股权给管理层。"

在未达到目标时，对赌协议也会有相应的规定，具体如下：

"如收入未达到目标，则管理者应当向投资者进行现金补偿，其补偿的方式根据公式进行计算：应补偿现金＝（1－年度实际经营指标÷年度保证经营指标）×投资者的实际投资金额－投资者持有股权期间已获得的现金分红和现金补偿。"

从上面的示例条款来看，对赌协议签订后，企业必须达成规定的目标，否则就会失去相应的利益。这对于企业的长期发展来说，存在着很大风险，而且很有可能会出现创始人由于股权逐渐减少，被"扫地出门"的情况。

另外，有些创业者因为财务紧张急需寻找投资者，而投资者往往就会抓住这一把柄要求签订非常严苛的对赌协议。例如以下对赌协议的目标几乎没有达成的可能：

"第一年营业收入不低于 1 000 万元且净利润不亏损、第二年年税后净利润不低于 5 000 万元、第三年年税后净利润不低于 1 亿元，若未达成相应条款，投资者有权要求创始团队方面赎回股权。"

在财务告急的压力下，创业者往往愿意接受对赌协议，从而拿到上千万元的投资。但其实对于成立不满两年的初创企业来说，大多数赌协议都无法达到。

为了防止自己误入歧途，遭受不必要的损失，创业者必须要了解对赌协议的四大风险：

第一，业绩目标不切实际。

创业者经常混淆了"战略层面"和"执行层面"的问题。如果对赌协议中约定的业绩目标不切实际，当投资者注入资本后，常常会将企业引向不成熟的商业模式和错误的发展战略。最终，企业将会陷入经营困境，创业者必定对赌失败。

第二，创业者急于融资，忽视了内外部不可控风险。

如果创业者急于获得高估值融资，而且对于企业的未来发展过于自信，常常会忽略了内部和外部经济环境的不可控风险，认为自己与投资者的要求差距小甚至无差距，作出错误的约定。

第三，创业者忽略了控制权的独立性。

忽略控制权的独立性是大多数创业者都会犯下的错误。创业者与投资者本应当互相尊重，但是不排除投资者因为某些原因向目标公司安排高管，插手企业的日常经营和管理。在这种情况下，企业的业绩是好是坏都会受到投资者左右，所以签订对赌协议后，怎样保持控制权的独立性还需要创业者做好戒备。

第四，对赌失败失去控股权的风险。

条件温和的对赌协议还好说，如果遇到对业绩要求极为严苛的对赌协议，创业者就有可能因为业绩发展低于预期而失去控制权。

认识到对赌协议的风险以后，创业者就可以理解为什么对赌条款会被认为是坚决避免的"魔鬼条款"。

10.6.2　如何避免对赌协议

关于对赌协议，真格基金联合创始人王强给了创业者一个忠告："我呼吁，一个创业者，尤其是起步时期的创业者，千万不要签署对赌协议。除非，你不热爱你所创立的事业。"

实际上，对赌就是泡沫，意味着企业必须要达到无法达到的目标，这是一件非常惨烈的事情。对于创业者来说，同意对赌就是失去了经营企业最本质的初心，心态毁于一旦，根本无法回头。

由此可见，对赌和对赌协议真的非常"可怕"，所以无论企业经营多么困难，都必须要坚决避免对赌协议。那么具体应该怎么做呢？可以从以下 3 个方面着手，如图 10-4 所示。

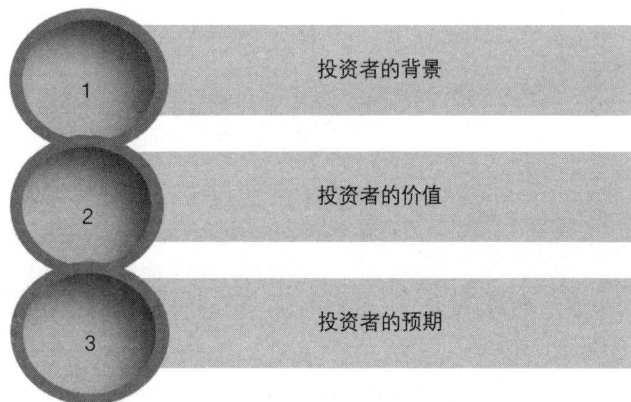

图 10-4　创业者避免对赌协议的 3 个方面

1. 投资者的背景

创业者在寻找投资者时，通常会忽略投资者的背景，他们认为只要投资者能够给项目投资就行，其他的不重要。

可是往往很多的创业者，因为没有事前调查清楚投资者的背景，以致项目在进展过程中发生一系列问题。例如，投资者的资金不到位，投资者过多干预项目管理等。所以无论如何，创业者都应该对投资者的背景进行全面调查。

2. 投资者的价值

创业者在与投资者签署协议之前，要明确项目需要什么样的价值以及投资者是否能够为项目带来相应的价值。

对刚起步的创业者而言，他们不仅需要志同道合的人才，还需要一些行业专家对市场的分析建议。而且在市场方面，投资者也会有很多资源，他们可以在创业者遇到困难时会帮助其走出困境。

3. 投资者的预期

很多创业者遇到投资者时，唯一的想法就是赶紧搞定投资，尽快拿到资金。然而，一些拥有超高预期的投资者也会加入到项目中，等到发生利益冲突时，这些投资者会为了自己的利益而做些对项目不利的事情，这时创业者就后悔莫及了。

创业者应当明白，拿利润当唯一标准去衡量投资者很容易犯下急功近利的错误，这样的投资者很容易将一个项目搞砸，甚至会为了利益而不顾企业的长远发展。

第 11 章

新三板：市值飙升的
新渠道

新三板最早发源于北京中关村科技园区，由非上市股份有限公司进入代办股份转让系统。因为挂牌企业都是高科技企业，与旧三板内的退市企业及原 STAQ 证券交易自动化报价系统等不同，所以被称为"新三板"。随着新三板市场发展壮大，从中关村科技园区非上市股份有限公司扩大到全国非上市公众公司。

11.1 新三板特征

企业登陆新三板有四大特征，一是主体资格广泛、二是挂牌门槛低、三是挂牌费用低、四是流程简单，效率高。

11.1.1 主体资格广泛

新三板的主体是证监会核准的非上市公司，这和主板、中小板、创业板等要求的股票已公开发行的公司完全不同。新三板的上市主体资格要求较低，一般只要依法设立且存续满两年，并能够赢利的合法公司都可以申请，因此非常有利于中小企业。

11.1.2 挂牌门槛低

新三板的挂牌门槛低，对于财务、股东、高新技术均无限制。与创业板、中小板、主板上市对企业利润、股东等的硬性规定不同，挂牌新三板对财务、股东与高新技术没有限制。创业者只要规范企业的经营管理和治理，做好信息公开披露，就可以挂牌新三板，成为非上市公众公司。挂牌新三板后，企业股票可通过全国中小企业股份转让系统交易流通。

挂牌新三板对企业有四个要求，内容如表 11-1 所示。

表 11-1 挂牌新三板对企业的要求

项目	要求
公司主体	依法设立且存续满两年
业务	业务明确，具有持续经营能力
治理机制	公司治理机制健全，合法规范经营
股权	股权明晰，股票发行和转让行为合法合规

11.1.3 挂牌费用低

新三板挂牌费用低：需 200 万元左右；主要由推荐挂牌费用、挂牌初费和年费、信息披露督导费用、信息披露费用四类构成。计算下来，新三板的挂牌费用总体约在 150 万元至 200 万元，不包含募资费用。具体的收费标准如表 11-2 所示。

表 11-2 新三板挂牌公司股票转让服务收费

收费对象	收费项目	收费标准
投资者	转让经手费	按股票转让成交金额的 0.5‰双边收取。
挂牌公司	挂牌初费	总股本 2 000 万股（含）以下，3 万元； 总股本 2 000 至 5000 万股（含），5 万元； 总股本 5 000 万至 1 亿股（含），8 万元； 总股本 1 亿股以上，10 万元。
	挂牌年费	总股本 2 000 万股（含）以下，2 万元 / 年； 总股本 2 000 至 5 000 万股（含），3 万元 / 年； 总股本 5 000 万至 1 亿股（含），4 万元 / 年； 总股本 1 亿股以上，5 万元 / 年。

相比主板、创业板上市花费的几千万元费用，新三板的挂牌费用是非常低的。

11.1.4 流程简单，效率高

新三板的挂牌效率高、速度很快，一般六个月内就可以完成。新三板挂牌操作流程主要分为以下五个步骤，内容如图 11-1 所示。

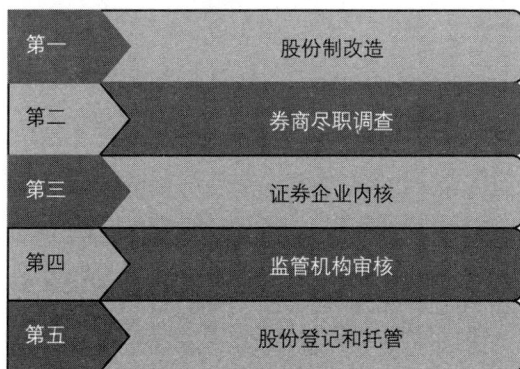

图 11-1 新三板挂牌操作流程

第一步是股份制改造。

登陆新三板市场的企业必须是非上市的股份有限公司。根据《证券企业代办股份转让系统中关村科技园区非上市股份有限企业股份报价转让试点办法(暂行)》的要求，拟挂牌企业应以股改基准日经审计的净资产值整体折股即由有限企业整体变更为股份企业。

第二步是券商尽职调查。

尽职调查是指主办券商通过实地考察等方法，对拟挂牌企业进行调查，确保拟挂牌企业符合挂牌条件、推荐挂牌备案文件真实、准确、完整。

第三步是证券企业内核。

证券企业内核是新三板挂牌的重要环节。主办券商内核委员会议审议拟挂牌企业的《股份报价转让说明书》及《尽职调查报告》等相关备案文件，出具审核意见，并审核券商的尽职调查是否符合规定。

如果发现拟挂牌企业存在需要整改的问题，则提出解决思路；如果没有发现问题，同意推荐目标企业挂牌，则需要向中国证券业协会出具《推荐报告》。

第四步是监管机构审核。

监管机构审核是新三板挂牌能否成功的决定性阶段。通过内核后，主办券商会将备案文件上报至中国证券业协会。协会决定受理的，则下发受理通知书，并在受理之日起五十个工作日内对备案文件进行审查。

在审核过程中，如果协会有异议，则可以向主办券商提出书面或口头的反馈意见，由主办券商答复。如果没有异议的，则向主办券商出具备案确认函。

如果协会要求主办券商补充或修改备案文件，那么受理文件时间自协会收到主办券商的补充或修改意见的下一个工作日起重新计算。协会对备案文件经多次反馈仍有异议，决定不予备案的，需要向主办券商出具书面通知并说明原因。

第五步是股份登记和托管。

根据《证券企业代办股份转让系统中关村科技园区非上市股份有限企业股份报价转让试点办法（暂行）》的要求，投资人持有的拟挂牌企业股份应当托管在主办券商处。初始登记的股份，托管在推荐主办券商处。推荐主办券商取得协会备案确认函后，辅助拟挂牌企业在挂牌前与中国证券登记结算有限责任企业签订证券登记服务协议，办理全部股份的集中登记。

一般情况下，如拟挂牌企业需进行股改的，需要 2 到 3 个月；主办券商进场尽职调查及内核需要 1 到 2 个月；协会审查（包括反馈时间）需要 2 个月；经协会核准后可以进行股份登记挂牌，全部流程预计需要半年左右的时间。

11.2　新三板转让机制

《全国中小企业股份转让系统股票转让细则》明确提出，全国股转系统的交易机制实施竞价转让、做市转让以及协议转让三种转让方式。新三板挂牌公司可以从中任选一种，三种方式互不兼容。但如果企业的需求变化，可以根据规定进行更换。

11.2.1　竞价转让：集合竞价和连续竞价

《全国中小企业股份转让系统股票转让细则》规定股票竞价转让采用集合竞价和连续竞价两种方式。集合竞价，是指对一段时间内接受的买卖申报一次性集中撮合的竞价方式；连续竞价，是指对买卖申报逐笔连续撮合的竞价方式。

截止到 2019 年 4 月 3 日，新三板市场挂牌公司总计 10 300 家，其中集合竞价为 9 325 家，占比 90% 以上。

关于新三板竞价交易制度，新三板英雄会创始人李浩称："集中竞价交易是证券交易所内进行证券买卖的一种交易方式，目前我国上交所、深交所均采用这一交易方式。一般来讲，是指二个以上的买方和二个以上的卖方通过公开竞价形式来确定证券买卖价格的情形。在这种形式下，既有买者之间的竞争，也有卖者之间的竞争，买卖各方都有比较多的人员。集中竞价时，当买者一方中的人员提出的最高价和卖者一方的人员提出的最低价相一致时，证券的交易价格就已确定，其买卖就可成交。"

11.2.2　做市商：报价驱动交易

做市商制度是由券商提供买卖价格，与投资者交易。2019 年 4 月 3 日，新三板市场成交金额总计 36 027.09 万元，其中创新层成交金额为 23 650.33，占当日成交比 60% 以上。

中泰证券新三板分析团队称："创新层公司名单正式公布后，创新层做市指数交易量相对新三板做市指数交易量已经明显提高，代表资金向创新层公司集聚，分层对于投资者的投资决策具有重要的指导意义。"

什么是做市商制度呢？做市商制度也叫作报价驱动制度，具体流程为做市商构建做市股票的库存并给出买入和卖出价，投资者根据所报价位给出买单或卖单。

也就是说，投资者发出卖出指令时，做市商用自有资金买入，增加库存；投资者发出买入指令时，做市商用库存股票执行卖出。如果出现库存股票不足的情况，做市商需要向其他做市商购买。做市商调整做市股票双向报价的依据是市场情况。

《全国中小企业股份转让系统做市商做市业务管理规定（试行）》第二条规定："本规定所称做市商是指经全国股份转让系统公司同意，在全国中小企业股份转让系统发布买卖双向报价，并在其报价数量范围内按其报价履行与投资者成交义务的证券公司或其他机构。"

对新三板挂牌企业来说，选择合适的做市商对企业融资能力有着重要影响。那么，企业如何选择合适的做市商？创业者需要看市商的三个方面，内容如图 11-2 所示。

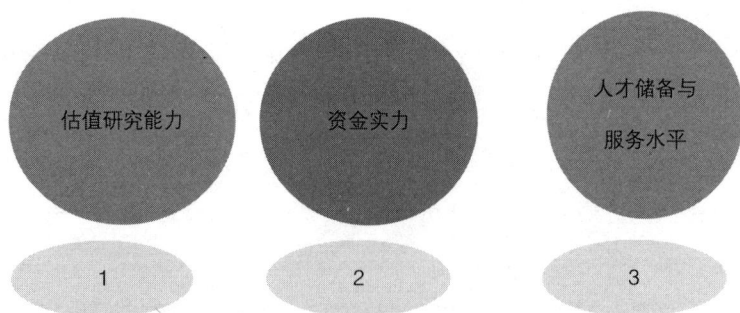

图 11-2　选择做市商需要看的三个方面

不同的做市商对挂牌公司价值的认知能力是不同的。做市商的估值研究能力越高，挂牌公司越是能够最大程度上发挥自我价值。做市商的持仓量越大，对自身资金实力的要求越高。

挂牌公司可以按 1：1 的持仓量配置交易资金评判做市商的资金实力是足够

强大，就像用户要求企业，企业也应当用同样的眼光审视做市商。

11.2.3 协议转让: 迅速吸收更多投资

协议转让是指场外自由对接，通过报价系统成交。协议转让交易机制就是有投资者想要买你的企业股票，然后报了一个价格，之后你企业股东看到了投资者的报价，认为比较合理，便联系了该投资者，双方协商完成股票转让。

或者，你企业一位股东想要卖掉股票，报了个价，有投资者恰好想买，觉得价格也合适，然后双方联系达成交易。

对企业来说，协议转让可以更快更多地吸收投资。如果企业的资金需求量大，定增、做市交易又面临着股东人数超过 200 人约束条件，这时候协议转让方式就发挥了它的优势。协议转让的交易方式如表 11-3 所示。

表 11-3 协议转让的交易方式

项目	具体内容
申报时间	交易主机接受申报的时间为每个转让日的 9:15 至 12:30、13:00 至 15:30
申报类型	全国股份转让系统接受主办券商的意向申报、定价申报和成交确认申报。
	每个转让日的 9:15 至 12:30、13:00 至 15:30 为交易主机接受申报时间；每个转让日的 15:00 至 15:30，为协议转让成交确认时间
成交模式	点击成交方式：即投资者根据行情系统上的已有定价申报信息，提交成交确认申报，与指定的定价申报成交
	互报成交确认申报：投资者通过其主办券商、全国股份转让系统指定信息披露平台等途径，寻找欲转让的交易对手方，双方协商好交易要素和约定号，然后双方均通过全国股份转让系统提交约定号一致的成交确认申报，全国股份转让系统对符合规定的申报予以确认成交
	自动匹配成交：投资者愿意以一定价格转让一定数量股份，则可以提交定价申报，除了盘中会与成交确认申报成交外，在每个转让日 15:30 收盘时，全国股份转让系统对价格相同，买卖方向相反的定价申报进行自动匹配成交

11.3 新三板挂牌企业如何融资

新三板挂牌企业可以通过全国中小企业股份转让系统实现股权转让，除此之外，挂牌企业还有另外一些融资途径，包括定向发行股票、发行优先股、发行中小企业私募债融资、股权质押贷款等。

11.3.1　定向发行股票

依据《全国中小企业股份转让系统有限责任公司管理暂行办法》等相关法律法规，企业在申请挂牌新三板的同时或者挂牌后可以采用定向发行股票的方式融资。定向增发的股票可以在全国中小企业股票转让系统公开转让，有利于增强挂牌企业的股票流动性。

允许挂牌企业定向发行股票融资体现了新三板的融资功能，挂牌新三板与上市融资功能的差距。

《非上市公众公司监督管理办法》第四十一条规定："公司申请定向发行股票，可申请一次核准，分期发行。自中国证监会予以核准之日起，公司应当在 3 个月内首期发行，剩余数量应当在 12 个月内发行完毕。超过核准文件限定的有效期未发行的，须重新经中国证监会核准后方可发行，首期发行数量应当不少于总发行数量的 50%，剩余各期发行的数量由公司自行确定，每期发行后 5 个工作日内将发行情况报中国证监会备案。"

一次核准，分期发行有利于挂牌公司为一年内的融资留出充足的空间。比如：挂牌公司与投资者确定了 1 000 万元的增资额度时，可以申请 2 000 万元的发行额度。完成 1 000 万元的发行后，后续 1 000 万元的额度是否发行以及发行价格都可以根据企业的后续发展情况再行商议。

11.3.2　发行优先股

国务院颁布《关于开展优先股试点的指导意见》规定："优先股是指依照公司法，在一般规定的普通种类股份之外，另行规定的其他种类股份，其股份持有人优先于普通股股东分配公司利润和剩余财产，但参与公司决策管理等权利受到限制。"

新三板挂牌公司发行优先股不仅解决了管理层对公司实际控制权的要求，而且给投资者以有保障的回报。

新三板挂牌公司中视文化发行优先股完成备案审查，优先股证券简称为"中视优 1"，证券代码为"820002"。中视文化是自 2015 年 9 月 22 日全国中小企

业股份系统发布《全国中小企业股份转让系统优先股业务指引（试行）》及相关
业务指南后第一家完成优先股发行的挂牌公司。

中视文化在全国中小企业股份转让系统挂牌转让，主办券商为金元证券，主
营业务为广告代理、媒体经营、演艺经纪和影院经营。中视文化发行的优先股种
类分为四种，如图 11-3 所示。

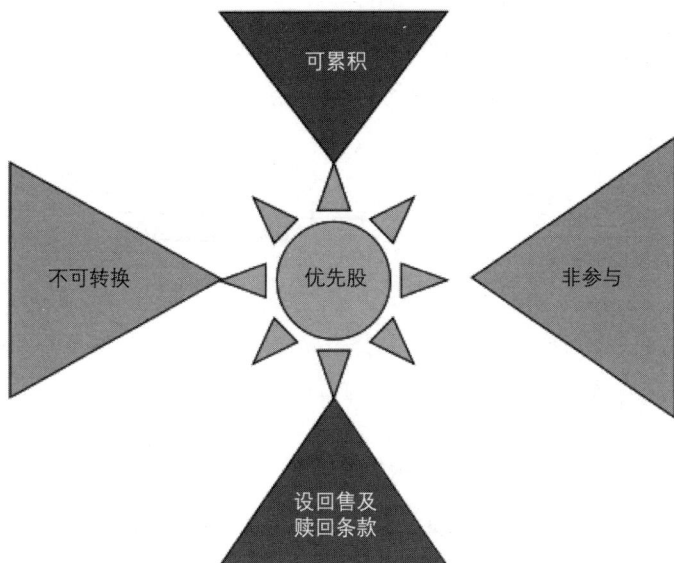

图 11-3　中视文化发行优先股种类

2019 年以来，新三板市场参与优先股发行的热情持续高涨。2019 年 4 月统
计有 20 家企业先后公布了优先股的发行方案。对于优先股挂牌后的转让工作，
全国中小企业股份转让系统正在积极推进，有望为挂牌企业提供一条可行的融资
途径。

11.3.3　股权质押贷款

除了定向发行股票、发行优先股等股权融资方式，新三板挂牌企业还可以通
过股权质押贷款方式融资。

目前，很多银行都有针对新三板挂牌企业的小额贷专项产品，比如兴业银行
的投联贷就是针对新三板的贷款产品，最高贷款 3 000 万元。

一般情况下，成长阶段的中小企业资产相对较轻，难以通过资产抵押从银行

拿到贷款。另外，由于股权价值难以评估，且无法预料股权的保值性，所以公司通过股权质押贷款也比较困难。

但是，成长阶段的中小企业挂牌新三板是比较容易的。挂牌新三板后，企业的股权流动性增强，市场对其进行定价和估值，解决了银行股权质押的难题，所以股东便可以将持有的股权质押给银行获得贷款。

对于新三板挂牌企业来说，股权质押贷款是一条很好融资途径。另外，主办券商的督导、市场自律的监管相当于给银行做股权质押贷款提供了变相的担保，所以，新三板挂牌企业可以有效利用这种融资方式。

11.4　新三板对比主板、中小板、创业板

为方便大家对于新三板的了解，下面通过列表对比主板、中小板、创业板、新三板的制度差异，内容如表 11-4 所示。

表 11-4　主板、中小板、创业板的制度差异

市场制度	主板 / 中小板	创业板	新三板
上市主体资格	股票已公开发行	股票已公开发行	中国证监会核准的非上市公众公司
股东数要求	不少于 200 人	不少于 200 人	可超过 200 人
存续时间	存续满三年	存续满三年	存续满两年
盈利指标要求	最近 3 个会计年度净利润均为正数且净利润累计 >3 000 万元，净利润以扣除非经常性损益前后较低者为计算依据；最近 3 个会计年度经营活动产生的现金流量净额累计 >5 000 万元或最近 3 个会计年度营业收入累计 >3 亿元	近两年连续盈利，净利累计不少于 1 000 万元；或近一年净利不少于 500 万元，营收不少于 5 000 万元，近两年营收增长率不低于 30%	具有持续盈利能力
现金流要求	近三个会计年现金流累计超 5 000 万元；或近三个会计年营收超 3 亿元	无	无

续上表

市场制度	主板／中小板	创业板	新三板
净资产要求	最近一期末无形资产占净资产比例不高于20％	最近一期末净资产不少于两千万元，且不存在未弥补亏损	无
股本总额及公众持股	发行前不少于3 000万股；上市股份公司股本总额不低于5 000万元；公众持股至少为25％；如果发行时股份总数超过4亿股，发行比例可以降低，但不得低于10％；发行人的股权清晰，控股股东和受控股股东、实际控制人支配的股东持有的发行人股份不存在重大权属纠纷	公司股本总额不少于3 000万元	无
其他条件	持续督导期为上市当年剩余时间及其后2个会计年	持续督导期为上市当年剩余时间及其后3个会计年	主券商推荐并持续督导

如表11-4所示，新三板的上市制度相对于主板、中小板和创业板来说都相对宽松，非常利于中小企业解决融资难的问题。企业一旦符合上市条件，建议把握时机尽早上市。因为无论企业在哪一板块上市，都可以通过上市提升企业的长期竞争力。根据深圳证券交易所披露的信息，上市的好处体现为五大效应。

1. 融资效应

企业通过上市可以募集所需的长期发展资金，改善资本结构；可以开拓直接融资渠道，持续地从资本市场再融资筹集资金；可以提升信誉，更容易获得银行贷款及其他融资支持。

2. 品牌效应

上市需满足较严格标准，是对企业管理水平、发展前景、盈利能力的有力证明；上市能增加企业知名度，树立品牌、开拓市场、招聘人才；上市能使企业及其控股股东进入社会经济的主流群体，扩大影响力。

3. 治理效应

上市有利于企业明晰产权关系，有效解决股权纠纷；有利于建立现代企业制度，规范法人治理结构，降低经营风险；有利于提高经营管理水平，引进职业经理人，解决接班人问题。

4. 激励效应

上市能提升员工的社会影响及评价，激发员工的责任感、荣誉感；上市企业的股份流通和股权激励可以让员工分享企业成长价值，有利于吸引和留住人才；上市企业股价变动形成对企业业绩的市场评价机制，对高管人员起到有效的激励作用。

5. 发展效应

上市能改变企业做大做强模式，企业通过并购重组等资本运作手段能更快地成为行业领导者。

如果企业当前的规模已经满足上市条件，完全可以通过上市提升自身的竞争力。

第 12 章

科创板：坚决打好
"创新牌"

2018 年 12 月 5 日，习近平主席提出在上海证券交易所设立科创板并试点注册制；2019 年 3 月 2 日，科创板正式出台；2019 年 6 月 13 日，上海证券交易所科创板正式开板。科创板的快速诞生成为上市企业、VC／PE 以及证券市场最关注的一件事情。

12.1 科创板上市战略

对于创业者来说，如果想让企业通过科创板快速上市，首先就是要检查确认企业是否满足相关条件，然后再找合适的中介机构根据科创板制度规范和申报程序进行申报。

12.1.1 如何才能在科创板上市

2019年3月2日，在证监会公布《科创板首次公开发行股票注册管理办法（试行）》和《科创板上市公司持续监管办法（试行）》之后，企业可以按照科创板上市审核条件和注册程序向上交所递交相关材料，具体如表12-1所示。

表12-1 科创板需要满足的发行上市条件

项目	发行上市条件
企业主体	符合科创板定位、依法设立并持续经营3年以上的股份有限公司
所属领域	"三大类七大领域"（以下详细讲解）
赢利要求	允许尚未赢利或存在累计未弥补亏损的公司
市值及财务要求	满足以下标准的任意一个： 1.预计市值不低于10亿元，最近两年净利润均为正且累计净利润不低于5 000万元，或者最近一年净利润为正且营业收入不低于1亿元； 2.预计市值不低于15亿元，最近一年营业收入不低于2亿元，且最近三年研发投入合计占最近三年营业收入的比例不低于15%； 3.预计市值不低于20亿元，最近一年营业收入不低于3亿元，且最近三年经营活动产生的现金流量净额累计不低于1亿元； 4.预计市值不低于30亿元，且最近一年营业收入不低于3亿元； 5.预计市值不低于40亿元，主要业务或产品须经国家有关部门批准，市场空间大，目前已取得阶段性成果，并获得知名投资机构一定金额的投资（医药行业公司须取得至少一项一类新药二期临床试验批件，其他符合科创板定位的公司需具备明显的技术优势并满足相应条件）； 6.预计市值＝股票公开发行后的总股本 × 发行价格

续上表

项目	发行上市条件
管理层要求	董事、高管、核心技术人员最近2年内未发生重大不利变化；控股股东和受控股股东、实际控制人支配的股东所持发行人的股份权属清晰；最近2年内实际控制人未发生变更，不存在导致控制权可能变更的重大权属纠纷；最近3年内不存在受到中国证监会行政处罚，或者因涉嫌犯罪被司法机关立案侦查或者涉嫌违法违规被中国证监会立案调查，尚未有明确结论意见等情形

通过表 12-1 可以看出，科创板既与主板、创业板、新三板等一样属于多层次资本市场的重要组成部分，同时也有独特的定位和针对上市的企业。

关于科创板的定位，证监会表示"科创板旨在补齐资本市场服务科技创新的短板，是资本市场的增量改革，将在盈利状况、股权结构等方面做出更为妥善的差异化安排，增强对创新公司的包容性和适应性"；上交所表示"科创板是独立于现有主板市场的新设板块，并在该板块内进行注册制试点"。

根据其定位，科创板非常适合尚未进入成熟期但具有成长潜力的中小型和初创型的科技创新公司。因此，如果你的公司符合这样的条件，那就可以申请上市，"抢先一步"登陆科创板。

12.1.2　率先试点注册制

在多层次资本市场中，科创板率先试点注册制，这是自 2015 年 12 月全国人大常委会对实施股票发行注册制授权以来，中国第一个试点注册制的股票市场。

股票发行上市共有三种制度，分别是审批制、核准制和注册制。其中，审批制是股票市场发展初期采用的制度，现在已经不再使用。从全球范围来看，国家的发达程度越高，股票市场越趋向成熟，采取的制度则为注册制。

注册制指的是证券监管部门首先将股票发行上市的必要条件制成法律文件公布出来，然后在审核中负责审核发行人（拟上市公司主体）提供的材料和信息是否满足要求的制度。

在注册制之下，如果企业满足了所公布的条件，就可以发起申请。发行人申请发行股票时，需要依法将公开的各种材料和信息完全准确地向证券监管机构申报。

证券监管机构承担监管职责，对申报材料和信息的完整性、准确性、真实性和及时性作合规审核，至于发行人的质量，需要由证券中介机构来判断和决定。

注册制对发行人、证券中介机构和投资者的要求都比较高，但成本要求较低、上市效率高、对社会资源的耗费少，有利于资本市场更好地发挥价格发现、融资、资源配置三大基础功能。

在英国、法国以及东南亚等地区和国家，股票发行制度采用的是核准制或者带有核准制特征，且监管机构的审批起决定性作用的发审制度。

在美国、日本等发达国家，股票发行制度采用的是注册制，企业只要符合股票发行上市的条件并依法充分披露信息，就能成功上市，监管机构仅仅发挥监督作用。

随着科创板注册制的不断完善以及股票发行制度改革的进一步深化，科技创新型的中小企业将迎来更多的资本支持、更好的资本市场机遇和更快的融资效率。

12.1.3 科创板上市流程

通过科创板上市，除了要满足相关条件以外，还必须遵循固定的流程，具体如图 12-1 所示。

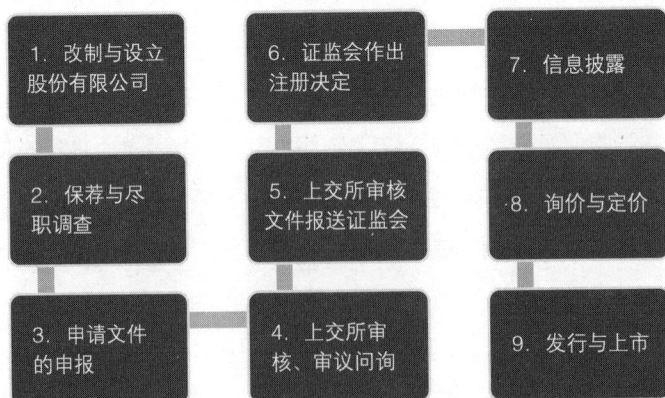

图 12-1 科创板上市流程

1. 改制与设立股份有限公司

上市之前，要改制与设立股份有限公司。首先，拟定改制重组方案，聘请保荐机构或者其他中介机构对方案进行可行性论证；其次，将拟改制的资产进行审计、评估，签署发起人协议，起草章程等文件；最后，设置公司内部组织机构，有限责任公司按原账面净资产值折股整体变更设立为股份有限公司。

2. 保荐与尽职调查

按照中国证监会的规定聘请保荐人进行保荐，保荐机构和其他中介对企业进行尽职调查、问题诊断、专业培训和业务指导；完善组织机构和内部管理，规范行为，明确业务发展目标和募集资金投向；对照科创板发行上市条件对存在的问题进行整改，准备首次公开发行申请文件等。

3. 申请文件的申报

拟上市企业需要申报的申请文件包括以下几种：

（1）中国证监会规定的招股说明书、发行保荐书、审计报告、法律意见书、公司章程、股东大会决议等注册申请文件；

（2）上市保荐书；

（3）上交所要求的其他文件。

另外，申请文件的内容与格式需要符合中国证监会和上交所的相关规定，比如文档格式、签章等。

4. 上交所审核、审议问询

上交所受理申请文件后，需要审核并判断企业是否符合发行条件、上市条件和信息披露要求。一般情况下，首轮审核问询应该在 20 个工作日内完成。

其中，上市审核机构对申请文件进行审核时，如果不需要进一步审核问询，将出具审核报告提交上市委员会审议；上市委员会对发行上市审核机构出具的审核报告和发行上市申请文件进行审议，并提出同意或者不同意发行上市的审议意见。

首轮审核问询结束后，对于需要进一步审核问询的企业，上交所发行上市审核机构可在收到问询回复后 10 个工作日内继续提出审核问询，申请、受理、问询、回复等事项均通过上交所发行上市审核业务系统办理；审核、问询的次数是没有限制的。

5. 上交所审核文件报送证监会

上交所在受理之日起 3 个月内（回复审核问询的时间除外）结合上市委员会的审议意见出具同意发行上市或终止发行上市审核的决定。

审核通过的，将审核意见、发行上市申请文件及相关审核资料报送中国证监会履行注册程序；审核不通过的，会作出终止发行上市审核的决定。

上交所审核同意后将发行人注册申请文件报送中国证监会时，需要将招股说明书、发行保荐书、上市保荐书、审计报告和法律意见书等文件在交易所网站和中国证监会网站公开。

6. 证监会作出注册决定

如果中国证监会作出同意注册的决定，自作出之日起 1 年内有效，发行人可以在注册决定有效期内自主选择发行时点；如果中国证监会作出不予注册决定的，自决定作出之日起 6 个月后，发行人可以再次提出公开发行股票并上市申请。

7. 信息披露

科创板上市的整个流程都需要保持信息披露。

8. 询价与定价

和主板、中小板、创业板等不同，科创板的询价、定价以及规模主要通过市场化方式决定。这里需要注意的是，科创板的定价比较特别，即便交易所通过或者证监会同意注册，如果达不到指标的话也还是会中止发行。

另外，科创板推出保荐人"跟投"制度，并支持科创板上市公司引入战略投资者，科技创新高管、员工可以参与战略配售，进一步促进股价稳定。

9. 发行与上市

根据中国证监会规定的发行方式公开发行股票，向上海证券交易所提交上市申请，在登记结算公司办理股份的托管与登记，最后在上交所挂牌上市。

12.1.4 市场化的交易机制

科创板的交易机制非常市场化，正在进一步与港股和纳斯达克市场机制靠拢，具体可以从以下几个方面进行理解：

（1）涨跌幅度限制：上市前五个交易日不设涨跌幅，然后第六个交易日起20%；

（2）无盈利要求：没有盈利要求，满足上市条件即可；

（3）投资者门槛：对个人投资者有一定限制，但对机构投资者网下配售的比例大幅提高，个人投资者可以通过公募方式参与；

（4）交易制度：T+1 制度；

（5）定价方式：询价，根据网下投资者，主要是经中国证券业协会注册的证券公司、基金管理公司、信托公司、财务公司、保险公司、合格境外机构投资者和私募基金管理人等专业机构投资者。

（6）科创板股票纳入融资融券标的，证券公司可借入科创板股票。在竞价交易基础上，条件成熟时引入做市商机制进行双边报价。

12.2 科创板特征

科创板作为支持国内优质科创企业的新兴资本市场板块，有许多创新的特征或亮点。预期在科创板上市的科创企业，如果了解掌握这些新特征及其相关规定，可以更顺利、更快速地成功上市，避免一些弯路。

12.2.1 允许发行表决权

科创板第一大亮点是，可以为科技创新企业发行具有表决权的类别股份，这是公司股权（股份）的主要核心权益。

由于新兴的企业初期收益较不明显，通过设置表决权的双重股权架构可以有利于保持创始人的控制权。

科创板有允许发行表决权的相关政策，这对科技创新企业来说非常具有吸引力。下面我们介绍表决权的主体、条件、限制、转让、信息披露等规则。

1. 表决权的主体

表决权的主体必须是"对上市公司发展或业务增长等作出重大贡献，并且在公司上市前及上市后持续担任公司董事的人员或者该等人员实际控制的持股主体"。

2. 设置表决权差异安排的条件

科创板规定："发行人在首次公开发行并上市前不具有表决权差异安排的，不得在首次公开发行上市后以任何方式设置此类安排。具有表决权差异安排的发行人申请在本所上市，除符合本所规定的其他上市条件之外，其表决权差异安排应当稳定运行至少1个完整会计年度。

"具有表决权差异安排的发行人申请在本所上市，市值及财务指标符合下列标准之一：（一）预计市值不低于人民币100亿元；（二）预计市值不低于人民币50亿元，且最近一年营业收入不低于人民币5亿元。"

3. 设置表决权差异安排的限制

对于表决权的持有主体，科创板规定："持有特别表决权股份的股东应当为对上市公司发展或业务增长等作出重大贡献，并且在公司上市前及上市后持续担任。

"公司董事的人员或者该等人员实际控制的持股主体。特别表决权股东在上市公司中拥有权益的股份合计应当达到公司全部已发行有表决权股份10%以上。"

4. 特别表决权的转让

特别表决权在转让时需要符合科创板规定："特别表决权股份一经转让，应当恢复至与普通股份同等的表决权。公司发行特别表决权股份的，应当在公司章程中规定特别表决权股份的持有人资格、特别表决权股份拥有的表决权数量与普通股份拥有的表决权数量的比例安排、持有人所持特别表决权股份能够参与表决的股东大会事项范围、特别表决权股份锁定安排及转让限制、特别表决权股份与普通股份的转换情形等事项。"

5. 日落条款（永久转换条款）

出现下列情形之一的，特别表决权股份应当按照1：1的比例转换为普通股份：

（一）股东资格：持有特别表决权股份的股东不再符合本规则第4.5.4条规定的资格和最低持股要求，或者丧失相应履职能力、离任、死亡；

（二）持股主体：实际持有特别表决权股份的股东失去对相关持股主体的实际控制；

（三）转让/委托：持有特别表决权股份的股东向他人转让所持有的特别表决权股份，或者将特别表决权股份的表决权委托他人行使；

（四）公司的控制权发生变更。发生前款第四项情形的，上市公司发行的全部特别表决权股份均应当转换为普通股份。

6. 信息披露

表决权需要及时满足信息披露规定："存在特别表决权股份的境内科技创新公司申请发行股票并在科创板上市的，公司章程规定的上述事项应当符合上交所有关要求，同时在招股说明书等公开发行文件中，充分披露并特别提示有关差异化表决安排的主要内容、相关风险及对公司治理的影响，以及依法落实保护投资者合法权益的各项措施。"

12.2.2　股份锁定与减持新规

为了保持股份的相对稳定，使股东实现更为紧密的利益绑定，同时也是为了让更多投资者投资科技创新公司，科创板特意设定了股权锁定（如表 12-2 所示）与减持新规等相关政策。

表 12-2　科创板的股份锁定

	科创板
发起人持有的股份	自公司成立之日起 1 年内不得转让
上市前股份	自股票上市之日起 12 个月内不得转让
控股股东、实际控制人所持股份	（1）自上市之日起 36 个月内不得转让； （2）公司上市时未盈利的，在公司实现盈利前，控股股东、实际控制人自公司股票上市之日起 3 个完整会计年度内，不得减持首发前股份；自公司股票上市之日起第 4 个会计年度和第 5 个会计年度内，每年减持的首发前股份不得超过公司股份总数的 2%，并应符合《减持细则》关于减持股份的相关规定
董监高所持股份	董事、监事和高级管理人员自公司股票上市之日起一年内和离职后半年内，不得转让其所持本公司股份。任职期间每年转让的股份不得超过其持有股份总数的 25%
	公司上市时未盈利的，在公司实现盈利前，董监高自公司股票上市之日起 3 个完整会计年度内，不得减持首发前股份；在前述期间内离职的，应当继续遵守本款规定
核心技术人员	（1）自股票上市之日起 12 个月内和离职后 6 个月内不得转让本公司首发前股份； （2）公司上市时未盈利的，在公司实现盈利前，自公司股票上市之日起 3 个完整会计年度内，不得减持首发前股份；在前述期间内离职的，应当继续遵守本款规定； （3）自所持首发前股份限售期满之日起 4 年内，每年转让的首发前股份不得超过上市时所持公司首发前股份总数的 25%，减持比例可以累积使用

从表 12-2 可以看出，科创板对控股股东、实际控制人、董监高和核心技术

人员的锁定和减持有相关规定。

在减持新规方面，科创板规定："股份锁定期届满后，科创公司控股股东、实际控制人、董事、监事、高级管理人员、核心技术人员及其他股东减持首次公开发行前已发行的股份以及通过非公开发行方式取得的股份的，应当遵守交易所有关减持方式、程序、价格、比例以及后续转让等事项的规定。"

另外，创业者必须知道，科创板的减持方式一共有四种，分别是集中竞价、大宗交易、协议转让、非公开转让。

其中，非公开转让是减持新规的一个亮点，因为它没有规模、价格、比例的限制，只锁定 12 个月，所以充分保障了初期投资者的利益，激励投资者把更多资金投在科技创新公司上。

12.2.3　新型激励

与主板、中小板以及创业板相比，科创板的激励无论在对象范围、类型上，还是价格、比例上都极大扩宽，如表 12-3 所示。

表 12-3　科创板的激励

内容	科创板
激励对象范围	单独或合计持有上市公司 5% 以上股份的股东、实际控制人及其配偶、父母、子女以及外籍员工，在上市公司担任董事、高管、核心技术人员或者核心业务人员的，可以成为激励对象
限制性股票类型	上市公司授予激励对象限制性股票，包括下列类型： （一）激励对象按照股权激励计划规定的条件，获得的转让等部分权利受到限制的本公司股票； （二）符合股权激励计划授予条件的激励对象，在满足相应获益条件后分次获得并登记的本公司股票
限制性股票实施	上市公司授予激励对象限制性股票，应当就激励对象分次获益设立条件，并在满足各次获益条件时分批进行股份登记。当次获益条件不满足的，不得进行股份登记
激励价格	上市公司授予激励对象限制性股票的价格，低于股权激励计划草案公布前 1 个交易日、20 个交易日、60 个交易日或者 120 个交易日公司股票交易均价的 50% 的，应当说明定价依据及定价方式。出现前款规定情形的，上市公司应当聘请独立财务顾问，对股权激励计划的可行性、相关定价依据和定价方法的合理性、是否有利于公司持续发展、是否损害股东利益等发表意见

内容	科创板
激励比例上限	上市公司可以同时实施多项股权激励计划。上市公司在有效期内的全部股权激励计划所涉及的标的股票总数累计不得超过公司股本总额的 20%

12.2.4　放宽红筹企业限制

在科创板中，红筹企业可以上市，所谓红筹企业主要是指注册地在境外、主要经营活动在境内的企业。

科创板规定："符合《国务院办公厅转发证监会关于开展创新企业境内发行股票或存托凭证试点若干意见的通知》（国办发〔2018〕21 号）规定的红筹企业，可以申请发行股票或存托凭证并在科创板上市。"另外，创业者必须知道，关于红筹企业科创板上市的标准，如表 12-4 所示。

表 12-4　红筹企业的上市标准

类型	行业标准	市值标准	财务标准
已经境外上市	符合国家战略、掌握核心技术、市场认可度高，属于互联网、大数据、云计算、人工智能、软件和集成电路、高端装备制造、生物医药等高新技术产业和战略性新兴产业，且达到相当规模的创新企业	不低于 2 000 亿元人民币	无
尚未境外上市	同上	无	最近一年营业收入不低于 30 亿元人民币且估值不低于 200 亿元人民币

12.2.5　分拆上市、并购重组

科创板一个非常重大的特征是允许上市公司分拆一个子公司上市，具体内容如下："达到一定规模的上市公司，可以依据法律法规、中国证监会和交易所有关规定，分拆业务独立、符合条件的子公司在科创板上市"。

关于并购重组，科创板规定"科创公司并购重组，由交易所统一审核，涉及发行股票的，由交易所审核通过后报经中国证监会履行注册程序，审核标准等事项由交易所规定"。

"科创公司重大资产重组或者发行股票购买资产，标的资产应当符合科创板定位，并与公司主营业务具有协同效应。"

总之，科创板的分拆上市、并购重组帮助上市公司增加了更多新的投资价值和激励措施。

12.2.6　退市标准严格

科创板具有多套退市标准，相比香港主板、纳斯达克来说非常严格，具体如表 12-5 所示。

表 12-5　科创板的退市标准

		科创板
退市标准	交易类强制退市	严格交易类强制退市指标，对交易量、股价、股东人数等不符合条件的企业依法终止上市。
		在交易所系统连续 120 个交易日实现累计股票成交量低于 200 万股，连续 20 个交易日股票收盘价均低于面值、市值均低于 3 亿元、股东数量均低于 400 人
	财务类强制退市	科创公司丧失持续经营能力，财务指标触及终止上市标准的，股票应当终止上市。
		对连续被出具否定或无法表示意见审计报告的上市公司实施终止上市。
		出现主营业务大部分停滞或者规模极低、经营资产大幅减少导致无法维持日常经营等情况
	规范类强制退市	科创公司信息披露或者规范运作方面存在重大缺陷，严重损害投资者合法权益、严重扰乱证券市场秩序的，应当终止其股票上市
	重大违法强制退市	严格实施重大违法强制退市制度，对构成欺诈发行、重大信息披露违法或其他重大违法行为的上市公司，依法坚决终止其上市

科创板的退市标准更加细化，例如，财务类强制退市中对于失去实际经营能力的公司规定了退市标准，这就将 A 股中出现的个别上市公司的"卖壳"现象完全排除。

12.2.7　华兴源创：如何成为科创板第一股

2019 年 6 月 19 日，科创板第一股正式诞生，即苏州华兴源创科技股份有限公司（以下简称为"华兴源创"）。下面我们通过分析华兴源创如何成为科创板第一股，充分了解科创板上市的流程和规则。

2019 年 3 月 27 日，华兴源创向上交所递交申报材料并获得受理，申报材料显示，华兴源创成立于 2005 年 6 月 15 日，定位为"国内领先的检测设备与整线检测系统解决方案提供商"。

其主营业务为"平板显示及集成电路等检测设备的研发、生产和销售"，所在的行业领域属于"专用设备制造业领域"，国内外客户包括"苹果、三星、LG、夏普、京东方、JDI 等"。

华兴源创 2018 年营业收入为 10.05 亿元，净利润为 2.37 亿元；2017 年营业收入为 13.69 亿元，净利润为 2.96 亿元，符合科创板上市所规定的市值及财务要求之一："最近两年净利润均为正且累计净利润不低于 5 000 万元，或者最近一年净利润为正且营业收入不低于 1 亿元。"

由于科创板市场的注册制特点，从 2019 年 3 月 27 日到 2019 年 5 月 30 日，华兴源创完成了三轮问询。其间，华兴源创作为科创板第一股，遭遇了自媒体质疑，为此，华兴源创发布《关于媒体失实报道的严重声明》：

对于行业定位质疑，华兴源创强调"公司在招股说明书（注册稿）'第二节 概览'等多处披露：公司是国内领先的检测设备与整线检测系统解决方案提供商……"

对于主营业务质疑，华兴源创展示了富有说服力的数据，强调"公司 2019 年 1 ~ 5 月实现营业收入 50 699.72 万元、净利润 9 366.99 万元，较 2018 年 1 ~ 5 月分别增长 58.61% 和 22.87%，主要系因为公司 2019 年 1 ~ 5 月公司在电池管理系统芯片检测设备的市场扩展方面实现了突破……"

通过华兴源创作出的不存在欺骗情形的回应，质疑不攻自破，舆论风险渐渐消除，投资者也更加有了信心，这个事件也从侧面体现了科创板的市场化的特点。

2019 年 6 月 18 日，华兴源创在科创板的注册正式生效，并于 2019 年 6 月 19 日，发布招股意向书，股票代码为 688001，正式成为"科创板第一股"。

2019 年 6 月 25 日，华兴源创科创板的发行价格确定为 24.26 元 / 股，打破了国内主板发行定价 23 倍市盈率的天花板。

　　总之，从华兴源创作为科创板第一股的历程可以看出，科创板的对于上市企业的定位、业务、市场、信息披露的严格要求，同时也看到了科创板注册制、市场化定价的特征，"科创板第一股"华兴源创的正式上市标志着整个科创板市场进入了快车道。

第 13 章
IPO：首次向公众出售股份

IPO 是 "Initial Public Offerings" 的简称，意思是首次公开发行。因为 IPO 通常意味着上市，所以现在很多人说 IPO 公司的时候其实指的就是已经上市的公司。

13.1 做好准备工作

公司可以分为有限责任公司和股份有限公司，只有后者才具备上市的基础条件。因此，在上市之前，需要做一些准备工作，包括组建上市工作小组、尽职调查、制定上市工作方案等。

13.1.1 组建上市工作小组，选择中介机构

确定了上市目标之后，首先需要做的就是组建上市工作小组，选择相关的中介机构。

上市工作小组应当由企业内部比较专业而且具有经验的人员组成，例如，董事长任组长，董事会秘书、公司财务负责人、办公室主任、相关政府人员为组员。

中介机构通常包括证券公司（保荐机构/主承销商）、会计师事务所、律师事务所以及资产评估师事务所，在具体选择时需要注意以下四个方面，如图 13-1 所示。

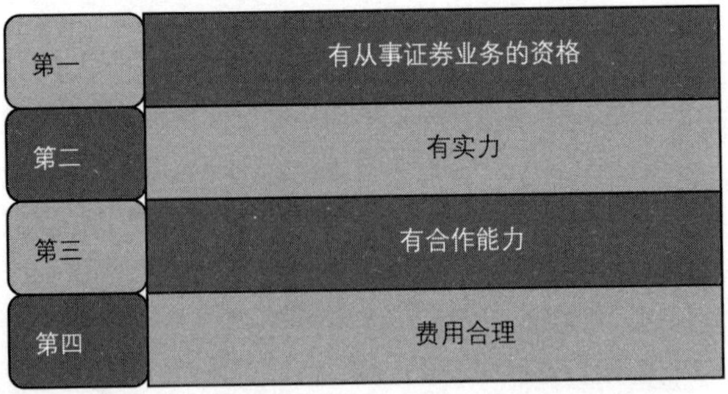

第一	有从事证券业务的资格
第二	有实力
第三	有合作能力
第四	费用合理

图 13-1　选择中介机构时应该注意的四个方面

第一，有从事证券业务的资格。在我国，从事股票发行上市业务的证券公司必须有保荐承销业务资格，会计师事务所、律师事务所和资产评估师事务所必须

具有证券从业资格。

第二，有实力。中介机构的实力体现在执业能力、执业经验和执业质量三个方面，公司在选择之前，要对这三个方面进行了解和判断。此外，中介机构的声誉越好，反映了其整体实力越强大。

第三，有合作能力。上市是公司以及各中介机构合作的结果，所以各中介机构之间应该能够进行良好的合作，共同为企业上市努力。保荐机构与律师、会计师之间尤其需要协同合作。

第四，费用合理。上市的成本非常高，而且还有失败的可能，所以在中介机构身上花费的成本是需要考虑的一大因素。具体费用标准可以参考业内平均标准，然后与中介机构协商确定。

13.1.2 尽职调查和制定上市工作方案

中介机构进场后就可以展开尽职调查。尽职调查是指拟上市企业在开展上市工作之前，由中介机构按照本行业公开的执业标准、职业谨慎、职业道德等从法律、财务两方面对公司各个有关事项进行现场调查和资料审查的过程。

尽职调查的内容主要包括企业成立、组织和人事等基本信息；企业业务和产品状况；企业经营现状以及可持续发展状况；企业的财务状况；企业的资产状况；企业重要合同、知识产权、诉讼状况；企业纳税、社保、环保、安全状况等。

完成尽职调查后，企业上市工作小组应当和保荐人、律师、注册会计师、评估师等对尽职调查的结构进行分析，找到拟上市企业当前存在的问题以及解决思路，然后制定上市工作方案。

上市工作方案的主要内容包括企业目前现状分析、企业改制和重组的目标、股权结构的调整、资产重组的原则、重组中应当注意的问题、企业上市操作的相关事宜、工作程序和时间安排以及组织实施及职责划分等。

13.1.3 进行增资扩股

增资扩股不是上市之前的必然选择，但因为好处非常多，所以大多数拟上市企业都非常重视。

增资扩股可以帮助企业提前获取一部分资金，提升经营业绩。例如，房地产公司要想上市必须有一定程度的土地储备，如果自有资金不足，就只能通过增资达成这一目标。

如今，常见的增资扩股方式主要有以下 3 种，如图 13-2 所示。

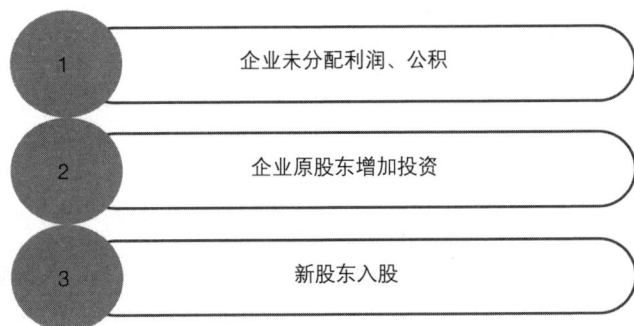

图 13-2　常见的增资扩股方式

（1）企业未分配利润、公积金：企业以未分配利润、公积金转增注册资本的，有限责任公司需要遵守《公司法》第三十四条、股份有限公司应当遵守《公司法》第一百六十六条。如果公司章程有特殊规定，则以公司章程为先。

（2）企业原股东增加投资：股东可以根据《公司法》第二十七条规定直接增加注册资本。

（3）新股东入股：拟上市公司增资扩股时，投资者可以通过投资入股的方式成为公司的新股东。新股东入股的价格应当根据企业净资产与注册资本之比确定，溢价部分作为企业的资本公积金。

另外，《首次公开发行股票并上市管理办法》第十二条规定："发行人最近 3 年内主营业务和董事、高级管理人员没有发生重大变化，实际控制人没有发生变更。"根据上述规定，拟上市企业进行增资扩股时，企业实际控制人不能发生变更，管理层不能有重大变化，主营业务不能发生重大变化，以免影响企业上市进程。

13.2　完成公司改制

前面已经说过，只有股份有限公司才能发行上市，所以有限责任公司在申请上市之前必须完成改制。对于拟上市公司来说，改制是上市流程中的重要环节，直接影响着最终的结果。下面介绍改制方面需要关注的实务性问题。

13.2.1 净资产折股\验资

关于净资产折股\验资，我国《公司法》相关规定如表 13-1 所示。

表13-1 《公司法》关于净资产折股\验资的相关规定

《公司法》	相关规定
第二十七条	"股东可以用货币出资，也可以用实物、知识产权、土地使用权等可以用货币估价并可以依法转让的非货币财产作价出资；但是，法律、行政法规规定不得作为出资的财产除外。对作为出资的非货币财产应当评估作价，核实财产，不得高估或者低估作价。法律、行政法规对评估作价有规定的，从其规定。全体股东的货币出资金额不得低于有限责任公司注册资本的百分之三十。"
第九十五条	"有限责任公司变更为股份有限公司时，折合的实收股本总额不得高于公司净资产额。有限责任公司变更为股份有限公司，为增加资本公开发行股份时，应当依法办理。"

《公司法》第二十七条对公司资本形成过程中的股东出资形式作出规定。在公司改制过程中，为了明确非货币出资的真实价值，股东必须通过中介机构对非货币出资审验。在这里，股东履行评估义务是法定的、必需的。

《公司法》第九十五条是对公司改制过程中股本总额与净资产之间关系的规定，这一规定有效避免了公司虚增股本、虚报注册资本的情况。

有限责任公司的净资产主要包括实收资本、未分配利润、资本公积和盈余公积，在改制时，以改制基准日的净资产折股至股份有限公司的股本和资本公积。

举例来说：一家有限责任公司的实收资本 2 500 万元，资本公积为 2 000 万元，盈余公积 2 500 万元，未分配利润 3 000 万元，那么公司的净资产为 1 亿元。如果折股比例为 1∶2，也就是折股 5 000 万元，另外 5 000 万元计入资本公积。此时，自然人股东需要就盈余公积、未分配利润转增股本缴税。

关于折股比例，国有资产有 65% 下限的规定，这一规定是为了避免国有资产流失。非国有资本的折股比例没有明确规定，但实际操作中一般不低于 70%。

以民营企业浙江万马为例，折股比例为 61%，即 2.4 亿净资产折股约为 1.5 亿。

另外，注意折股股份数不可以低于法定最低要求。其中，创业板不低于2 000万股，主板不低于3 000万股。

在改制过程中，拟上市公司需要委托验资机构对公司的出资情况进行审查，并出具相关报告，以确保注册资本为实缴。

13.2.2　召开创立大会及第一届董事会、监事会会议

注资、验资完成后，发起人需要在30天内主持召开公司创立大会，然后邀请参与公司设立并认购股份的人出席。另外，发起人需要在创立大会召开十五日前将日期通知各认股人或者予以公告。

根据《公司法》第九十条规定如果出席创立大会的发起人、认股人代表的股份总数少于50%，那么创立大会则无法举行。

创立大会顺利结束意味着董事会、监事会成员的诞生。然后，发起人需要组织召开股份有限公司的第一届董事会会议、第一届监事会会议，并在会议上选举董事长、董事会秘书、监事会主席、公司总经理等高级管理人员。

13.2.3　申请登记注册

《公司法》第九十二条规定："董事会应于创立大会结束后三十日内，向公司登记机关报送下列文件，申请设立登记：（一）公司登记申请书；（二）创立大会的会议记录；（三）公司章程；（四）验资证明；（五）法定代表人、董事、监事的任职文件及其身份证明；（六）发起人的法人资格证明或者自然人身份证明；（七）公司住所证明。以募集方式设立股份有限公司公开发行股票的，还应当向公司登记机关报送国务院证券监督管理机构的核准文件。"

公司登记机关收到股份有限公司的设立登记申请文件后，开始对文件进行审核，并在30天内做出是否予以登记的决定。如果登记申请文件符合《公司法》的各项规定条件，公司登记机关将予以登记，并给公司下发营业执照；如果登记申请文件不符合《公司法》相关规定，则不予登记。

股份有限公司的成立日期就是营业执照的签发日期，拿到营业执照意味着公司改制顺利完成。在这之后，公司正式进入上市之前的辅导期，这部分内容将在下一小节详细介绍。

13.3 上市辅导：程序与内容

按照中国证监会的有关规定，拟上市公司在向中国证监会提出上市申请前，均须由具有主承销资格的证券公司进行辅导，辅导期限至少三个月。

13.3.1 上市辅导程序

2016 年 2 月 19 日，我国最大的快递公司顺丰在媒体发出公告，承认公司正在接受上市辅导。

其公告显示："顺丰控股（集团）股份有限公司拟在国内证券市场首次公开发行股票并上市，目前正在接受中信证券股份有限公司、招商证券股份有限公司、华泰联合证券有限责任公司的辅导。"

下面一起看拟上市公司接受上市辅导的一般程序，具体如图 13-3 所示。

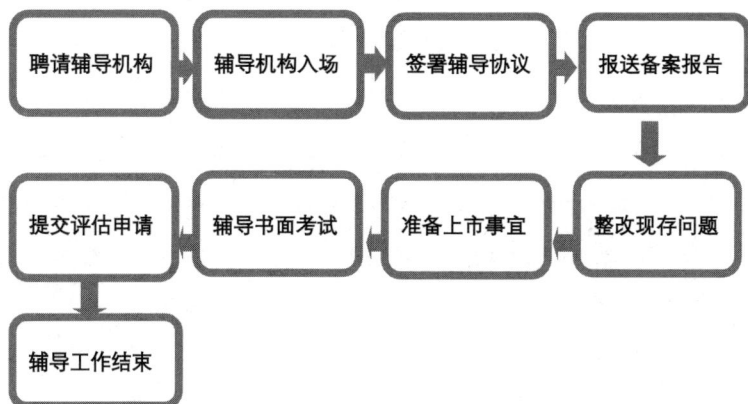

图 13-3　拟上市公司接受上市辅导的一般程序

1. 聘请辅导机构

聘请辅导机构时，拟上市公司要对辅导机构的独立性、资信状况、专业资格、研发力量、市场推广能力、承办人员业务水平等因素进行综合、全面地考察。

《证券经营机构股票承销业务管理办法》第十五条规定："证券经营机构持有企业 7% 以上的股份，或是其前五名股东之一，不得成为该企业的主承销商或副主承销商。"一般情况下，保荐机构为拟上市公司的主承销商，辅导机构可以与保荐机构合二为一，也可以另行聘请。

2. 辅导机构入场

上市辅导是改制完成后正式开始的，但由于改制是上市准备工作的重点内容，所以选定辅导机构之后，可以让辅导机构尽早介入拟上市公司的上市规划流程。

3. 签署辅导协议

股份有限公司成立后，需要与辅导机构签署正式的辅导协议。另外，公司与辅导机构需要在辅导协议签署后 5 个工作日内到当地的证监会派出机构办理辅导备案登记手续。

4. 报送备案报告

辅导开始后，辅导机构定期向证监会派出机构报送备案报告。

5. 整改现存问题

在辅导过程中，辅导机构会针对拟上市公司现存问题提出建议，然后由公司负责整改。如果公司遇到难以解决的问题，可以尝试寻求权威部门的帮助。

6. 准备上市事宜

拟上市公司需要在辅导期内接受辅导、准备上市事宜、发布公告，接受社会监督。另外，如果发布公告以后，证监会派出机构收到关于拟上市公司的举报信，然后组织相关调查，那么拟上市公司应当积极配合调查，消除各种不必要的风险。

7. 辅导书面考试

在辅导期内，辅导机构会对接受辅导的人员进行至少一次的书面考试，全体应试人员的成绩达到合格为止。

8. 提交评估申请

辅导期结束后，辅导机构如果认为拟上市公司已经达到上市标准，需要向证监会派出机构报送"辅导工作总结报告"，提交辅导评估申请。如果辅导机构和拟上市公司认为没有达到计划目标，可以向证监会派出机构申请适当延长辅导时间。

9. 辅导工作结束

证监会派出机构收到辅导机构提交的评估申请后，会在 20 个工作日内完成对辅导工作的评估。如果评定为合格，会向中国证监会出具"辅导监管报告"，发表对辅导效果的评估意见，这意味着辅导结束。如果证监会派出机构认为辅导评估申请不合格，会根据实际情况要求延长辅导时间。

13.3.2　上市辅导内容

在上市辅导过程中，辅导机构会在尽职调查的基础上根据上市相关法律法规确定辅导内容。辅导内容主要包括以下几个方面。

（1）核查股份有限公司的合法性与有效性：包括改制重组、股权转让、增资扩股、折股 / 验资等方面是否合法，产权关系是否明晰，商标、专利、土地、房屋等资产的法律权属处置是否妥善等。

（2）核查股份有限公司人事、财务、资产及供产销系统独立完整性：督促公司实现独立运营，做到人事、财务、资产及供产销系统独立完整，形成核心竞争力。

（3）组织公司董事、监事、高级管理人员及持有 5% 以上（包括 5%）股份的股东进行上市规范运作和其他证券基础知识的学习、培训和考试，督促其增强法制观念和诚信意识。

（4）监督建立健全公司的组织机构、财务会计制度、公司决策制度和内部控制制度以及符合上市公司要求的信息披露制度，实现有效运作。

（5）规范股份有限公司和控股股东及其他关联方的关系：妥善处理同业竞争和关联交易问题，建立规范的关联交易决策制度。

（6）帮助拟上市公司制定业务发展目标和未来发展计划，制定有效可行的募股资金投向及其他投资项目规划。

（7）帮助拟上市公司开展首次公开发行股票的相关工作。在辅导前期，辅导机构应当协助公司进行摸底调查，制定全面、具体的辅导方案；在辅导中期，辅导机构应当协助公司集中进行学习和培训，发现问题并解决问题；在辅导后期，辅导机构应当对公司进行考核评估，完成辅导计划，做好上市申请文件的准备工作。

需要注意的是，辅导有效期为三年，即本次辅导期满后三年内，拟上市公司可以向主承销商提出股票发行上市申请；超过三年，则须按本办法规定的程序和要求重新聘请辅导机构进行辅导。

13.4　申报与核准

拟上市公司顺利通过上市前的三个月辅导之后，就可以向中国证监会发出上市申请。证监会受理后的核准是决定上市能否成功的关键，我们必须格外重视。

13.4.1　制作申报材料

在申报与核准阶段，拟上市公司首先需要准备申报材料（通常由各中介机构分工制作，然后由主承销商汇总并出具推荐函），这里所说申报的材料主要包括10类，如表13-2所示。

表13-2　拟上市公司需要准备的申报材料

文件类别	具体文件名
招股说明书	招股说明书；招股说明书摘要
发行人关于本次发行的申请及授权文件	发行人关于本次发行的申请报告；发行人董事会有关本次发行的决议；发行人股东大会有关本次发行的决议
保荐人关于本次发行的文件	发行保荐书
会计师关于本次发行的文件	财务报表及审计报告；盈利预测报告及审核报告；内部控制鉴证报告；经注册会计师核验的非经常性损益明细表
发行人律师关于本次发行的文件	法律意见书；律师工作报告
发行人的设立文件	发行人的企业法人营业执照；发起人协议；发起人或主要股东的营业执照或有关身份证明文件；发行人公司章程（草案）
关于本次发行募集资金运用的文件	募集资金投资项目的审批、核准或备案文件；发行人拟收购资产（或股权）的财务报表、资产评估报告及审计报告；发行人拟收购资产（或股权）的合同或合同草案

续上表

文件类别	具体文件名
发行人关于最近三年及一期的纳税情况的说明	发行人最近三年及一期所得税纳税申报表；有关发行人税收优惠、财政补贴的证明文件；主要税种纳税情况的说明及注册会计师出具的意见；主管税收征管机构出具的最近三年及一期发行人纳税情况的证明
成立不满三年的股份有限公司需报送的财务资料	最近三年原企业或股份公司的原始财务报表；原始财务报表与申报财务报表的差异比较表；注册会计师对差异情况出具的意见
成立已满三年的股份有限公司需报送的财务资料	最近三年原始财务报表；原始财务报表与申报财务报表的差异比较表；注册会计师对差异情况出具的意见
与财务会计资料相关的其他文件	发行人设立时和最近三年及一期的资产评估报告（含土地评估报告）；发行人的历次验资报告；发行人大股东或控股股东最近一年及一期的原始财务报表及审计报告
其他文件	发行人拥有或使用的商标、专利、计算机软件著作权等知识产权以及土地使用权、房屋所有权、采矿权等产权证书清单；特许经营权证书；有关消除或避免同业竞争的协议以及发行人的控股股东和实际控制人出具的相关承诺；国有资产管理部门出具的国有股权设置批复文件及商务部出具的外资股确认文件；发行人生产经营和募集资金投资项目符合环境保护要求的证明文件；重组协议；商标、专利、专有技术等知识产权许可使用协议；重大关联交易协议；其他重要商务合同；保荐协议和承销协议；发行人全体董事对发行申请文件真实性、准确性和完整性的承诺书；特定行业（或企业）的管理部门出具的相关意见
定向募集公司还应提供的文件	1.有关内部职工股发行和演变情况的文件：历次发行内部职工股的批准文件；内部职工股发行的证明文件；托管机构出具的历次托管证明；有关违规清理情况的文件；发行人律师对前述文件真实性的鉴证意见。 2.省级人民政府或国务院有关部门关于发行人内部职工股审批、发行、托管、清理以及是否存在潜在隐患等情况的确认文件。 3.中介机构的意见：发行人律师关于发行人内部职工股审批、发行、托管和清理情况的核查意见；保荐人关于发行人内部职工股审批、发行、托管、清理情况的核查意见

　　拟上市公司可以对照上述表格看本公司准备的申报材料有无遗漏，若发现遗漏，应及时制作、整理完成。

13.4.2　核准制市场进行申请报批

　　在主板、中小板等核准制证券市场中，证监会收到拟上市公司的上市申请文件后，会在 5 个工作日内作出是否受理的决定。如果同意受理，拟上市公司需要按照相关规定向证监会交纳审核费。

受理拟上市公司的上市申请后，证监会开始初审。一般情况下，证监会至少向拟上市公司反馈一次初审意见，主承销商与拟上市公司根据初审意见补充完善申请文件，然后第二次报至证监会。

证监会对补充完善的申请文件进一步审核，并将初审报告和申请文件提交至发行审核委员会审核；中国证监会根据发行审核委员会的审核意见对拟上市公司的申请作出核准或不予核准的决定。

如果证监会作出核准决定，会出具核准文件；反之，出具书面意见并说明不予核准的理由。上市申请不予核准的公司可以在接到证监会书面决定之日起两个月内提出复议申请，证监会收到复议申请后两个月内重新作出决定。

13.4.3 科创板注册制市场不经过审核程序

科创板实行注册制，拟上市公司需要按照证监会制定的程序进行注册。一般来说，证监会收到上交所报送的审核意见及发行人申请文件后，按照规定的发行条件和信息披露要求，在 20 个工作日内作出同意注册或不予注册的决定。

13.4.4 富士康登陆上交所，首日总市值高达 3 905 亿元

2018 年 2 月 1 日，富士康正式向证监会上报招股书申报稿，而且上报仅仅 36 天后便获得通过；2018 年 6 月 8 日，富士康在上交所上市，股票名称为工业富联。

值得一提的是，富士康在全球共取得超过 15 300 件专利，这一水平远远高于同行甚至世界高新科技研发公司。

13.5 发行上市流程

取得证监会核准上市的批文以后，公司就可以刊登招股说明书，进行询价与路演，按照发行方案发行股票。完成这些步骤，在交易所安排下完成挂牌上市以后，

公司就正式完成上市。

13.5.1　刊登招股说明书

上市之前，公司需要刊登招股说明书，招股说明书通常包括以下五个部分，如图 13-4 所示。

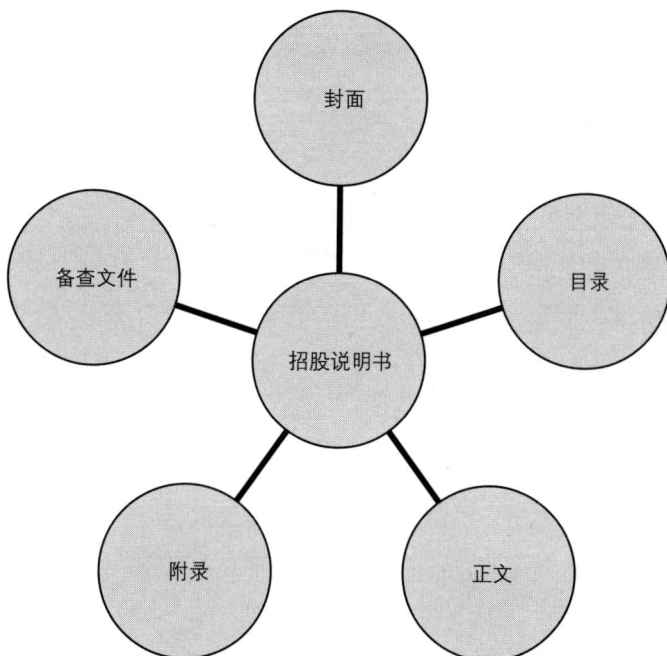

图 13-4　招股说明书的五个部分

另外，拟上市公司制作招股说明书时需要注意以下六个问题：

第一，说明风险因素与对策时，给出有效的应对之策，可以增强信服力；

第二，说明募集资金的运用时，具体给出资金流向了哪些项目；

第三，具体介绍公司上市后的股利分配政策，让投资者和股民了解可以得到的回报；

第四，给出过去至少 3 年来的经营业绩，说明公司的稳定性；

第五，说明公司的股权分配情况，重点介绍发起人、重要投资者的持股情况；

第六，预测盈利，精准预测公司未来的盈利状况直接关系到公司股票的发行情况。

发起人可以研读已上市公司的招股说明书，然后结合实际撰写符合自己的招股说明书。一般情况下，在发出上市申请时，招股说明书的申报稿就应该已经完成。

13.5.2 进行询价与路演

刊登招股说明书以后，拟上市公司与其保荐机构需要开展询价路演活动，通过向投资者询价的方式确定股票的最终发行价格。询价包括初步询价和累计投标询价两个步骤。

首先是初步询价，即拟上市公司及其保荐机构向投资者推介和发出询价函，然后根据反馈回来的有效报价确定初步询价区间。

其次是累计投标询价。如果投资者的有效申购总量大于本次股票发行量，但是超额认购倍数小于5，那么以询价下限为发行价；如果超额认购倍数大于5，那么从申购价格最高的有效申购开始逐笔向下累计计算，直至超额认购倍数首次超过5倍为止，以此时的价格为发行价。在中小板发行股票时，基本不需要累计投标询价。

在询价期间，拟上市公司会通过路演活动对股票进行推广。通俗来讲，路演是指公开发行股票的公司通过公开方式向社会推介自己股票的说明会，目的是吸引投资者。

路演通常分为三个阶段，首先是一对一路演，主要是指拟上市公司和券商的资本市场部以及IPO项目组带着招股说明书、投资研究报告、企业宣传片、PPT以及定制小礼物等到北上广深等一线城市拜会投资者，进行一对一的沟通和推介。

其次是三地公开路演，一般是指拟上市公司在北京、上海、深圳三地公开召开推介会议，邀请基金、券商、资产管理公司、私募等机构投资者参加。

最后是网上路演，是指拟上市公司的管理层、保荐团队代表通过网上投资互动平台回答股民针对上市提出的各种问题。在开展网上路演之前，因为股票的首日发行价已经定下来，所以对发行结果和网上认购数量没有多少影响。

13.5.3 刊登上市公告书并上市交易

询价与路演环节结束之后，就可以刊登上市公告书。上市公告书是拟上市公司在股票上市前按照《证券法》和证券交易所业务员规则相关要求向公众公告发行与上市有关事项的信息披露文件。

上市公告书的内容应当概括招股说明书的基本内容和公司近期的重要材料，主要包括以下几个部分：

证券获准在证券交易所交易的日期和批准文号；企业概况；股票发行与承销情况；公司创立大会或股东大会同意公司证券在证券交易所交易的决议；公司董事、监事及高级管理人员简历和持股情况；公司近三年来或成立以来的经营业绩和财务状况以及下一年的溢利预算文件；主要事项揭示；上市推荐意见；备查文件目录等。

在撰写上市公告书时，需要注意以下几个问题：

1. 数据可信、货币金额为人民币

上市公告书中的数据应当有应有客观的依据，并给出权威的来源，表述时应该使用阿拉伯数字。另外，货币金额应为人民币，以元、千元或万元为单位，如果需要使用美元、欧元等单位，必须有特别说明。

2. 保证外文译本与中文译本的一致性

拟上市公司可以根据有关规定或其他需求编制上市公告书的外文译本，但必须保证中、外文文本的一致性。而且还需要在外文译本上注明："本上市公告书分别以中、英（或日、法等）文编制，在对中外文本的理解上发生歧义时，以中文文本为准。"

3. 使用事实描述性语言

上市公告书应该使用事实描述性语言，风格要简明扼要、通俗易懂。不能出现广告性、祝贺性、恭维性或诋毁性的词句。

第 14 章

战略扩张与拥抱创新

随着全球市场的快速变化，企业内部的规模在不断扩张，企业外部的融资模式也在不断创新。因此，除了需要在企业不同发展阶段制定不同融资战略之外，还需要时刻关注最新的融资模式，根据市场整体变化以及自身特点对部署进行调整。

14.1 战略扩张：站在"巨人肩上"

根据爱迪思博士的企业生命周期理论，企业就像人和生物那样的生命体一样有自己的生命周期。因此，每个企业在不同的生命周期，适合的战略也不同。

14.1.1 创新企业快速生存的"巨人肩上"战略

新成立的创新企业有什么办法在短时间内快速与巨头竞争并成功上市？拼多多给了一个可以借鉴的答案。

2018 年 7 月 26 日，拼多多在上海和纽约两地同时敲钟，以股票代码"PDD"在纳斯达克上市；2018 年 9 月，黄峥的身价达到 155.38 亿美元，一度超过雷军；2018 年 10 月 10 日，胡润百富榜中，拼多多创始人黄峥以个人财富 950 亿美元排名第十三。

拼多多从 2015 年 9 月从零创业到上市，只用了仅仅 34 个月的时间。而且更为震惊的是，拼多多已经成为阿里巴巴与京东之外市值最高的第三大电商上市平台。

那么，拼多多凭借什么快速会聚 3 亿多用户和过百万卖家、实现数千亿的商品交易规模和数百亿美金的资本估值，成为一家与阿里、腾讯、百度、京东与网易等互联网巨头并驾齐驱的企业？

14.1.2 "巨人肩上"战略优势

原因不仅在于拼多多创始人黄峥作为一名企业家的优秀特质，以及投资者赞赏的"低调、谦逊、自律、本分与淡泊名利"高度境界，更在于独特的"巨人肩上"战略，如图 14-1 所示。

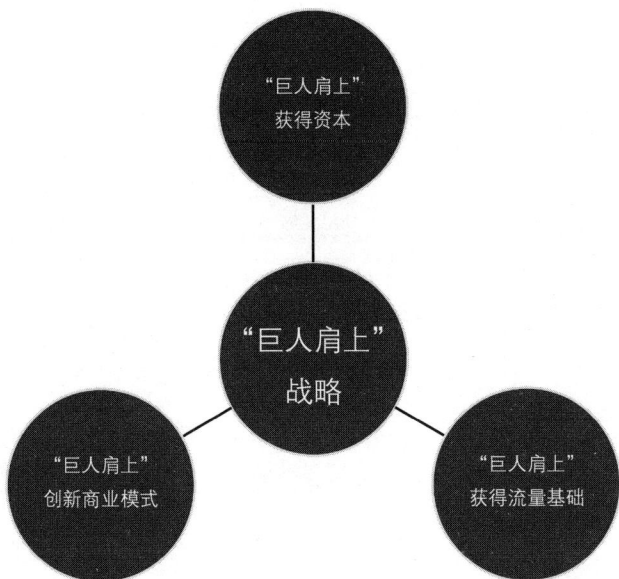

图 14-1 "巨人肩上"战略

1. "巨人肩上" 获得资本

前面已经讲到如何找到合适的投资者，内容大致是，建议创始人找到具有丰富的资源支持和资本实力的投资者或投资机构帮助企业飞快发展。拼多多的融资历程就是如此。

拼多多最重要的投资人是腾讯的掌门人马化腾先生。2016 年 7 月腾讯开始投资拼多多，后来 B 轮融资又投入 1.1 亿美元，2018 年 4 月，又参与了 30 亿美元的部分投资。可以说，腾讯不仅给予拼多多巨大的资本，也为拼多多引来巨大的流量。

拼多多创建之初的投资来源于互联网巨头网易的创始人丁磊先生。丁磊先生不仅为创始人黄峥投资了初期重要的资金，同时为黄峥引荐重要的投资者段永平先生。

拼多多的一位核心的早期投资者就是段永平先生，他是 OPPO、VIVO、步步高以及 80 后喜爱的小霸王游戏的创始人。段永平先生不仅具有顶级的战略眼光，同时也有着顶级的人际关系资源。

在没用过拼多多之前，段永平先生就引荐创始人黄峥跟着巴菲特一起吃午餐，他曾评价黄峥："我还没用过拼多多，但我对黄峥有很高的信任度。给他 10 年时间，大家会看到他厉害的地方。"这种给予资金、人际关系资源、信任的投资者很难得。

拼多多还有对电商业务非常有帮助的投资者：一位是顺丰掌门人王卫（2015年8月，在首轮A轮投资百万美元，并为其不可缺少的电商物流提供合作支持）；另外一位是"淘宝之父"孙彤宇（为其提供资金和宝贵的电商经验）。

还有很多强大的投资机构也在背后支持拼多多创始人黄峥，例如，2015年高瓴资本张震和黄峥用15分钟的时间便敲定对拼多多的巨额投资，张震在接受媒体采访时也表示，"我们的原则就是坚定地信任黄峥。"

拼多多如火箭一样的上市速度，其宝贵的"燃料"都是基于"巨人"背后给予的资金、资源和人际关系等的支持。拼多多的融资上市是一直站在"巨人肩上"的。

2. "巨人肩上"获得流量基础

拼多多所在的电商市场竞争非常激烈，基本上是阿里巴巴和京东等巨头的天下。拼多多为何能在看似不能存活的背景下，用不到3年时间就迅速扩展市场颠覆了行业格局？

其中一个重要原因就是拼多多站在了最合适的"巨人肩上"—腾讯。腾讯是拼多多第二大股东，持股比例高达18.5%。腾讯不仅给予拼多多巨大的资金支持，同时也给予拼多多流量、技术、支付等宝贵的发展资源。

拼多多初期依靠社交＋拼团的模式发展，这样的模式需要腾讯提供支持。首先，社交需要微信作为流量入口；其次，拼团所必备的支付工具也可以通过微信轻易解决。

拼多多借助腾讯的流量，吸引更多消费者加入网购，并通过拼手气砍价等方式让这些消费者自愿分享微信群、分享朋友圈。这样的做法一方面增加了消费者黏性；另一方面提高了交易频次，快速建立起新的生态圈。

因此，拼多多能快速增长的重要原因就是站在了"巨人肩上"—腾讯。基于腾讯给予的流量基础和技术支持，结合其独特的商业模式快速在电商赛道上"起舞"。

3. "巨人肩上"创新商业模式

拼多多创始人黄峥曾在给股东写的信中说："拼多多建立并推广了一个全新的购物理念和体验——'拼'……拼多多做的永远是匹配，将好的东西以优惠的价格匹配给适合的人"。

"拼"的确是拼多多最创新的模式，而且这个模式站在了"巨人肩上"。"拼"既是拼团也是拼价，拼团建立在成熟的社交商业模式基础上，例如腾讯的微信社交；拼价建立在成熟的电商模式基础上，例如顺丰的物流、相对成熟的电商以及中国强大的制造业。

"我们有些方面挑战比它小，这要感谢阿里在前面十年给中国电商行业的极大贡献，快递、支付、电商的基础设施我们都得益于阿里。" 黄峥在一次采访中坦承道。

事实上，黄峥的战略不仅仅是站在某个"巨人肩上"，而是通过不断创新充分利用"巨人肩上"的成熟商业模式。例如，打造 "Facebook 式电商"，实现差异化、个性化；推崇今日头条的信息流模式，认为今日头条下的信息流换成商品流就是拼多多；打造分众化的 Costco，核心是"精选 + 低价"等。

另外，在拼多多招股书的致股东信中，黄峥还提出了一个更为大胆的想法：拼多多将成为 Costco 和迪士尼（即集高性价比产品和娱乐为一体）的结合体。

对此，黄峥解释为"它将是一个由分布式智能代理网络（而非时下流行的集中式超级大脑型 AI 系统）驱动的"Costco"和"迪士尼"（即集高性价比产品和娱乐为一体）的结合体。"

黄峥通过"巨人肩上"的商业模式，不断创新拼多多特有的优势，使得拼多多能快速颠覆行业格局。另外，黄峥先生非常清晰地看到了实现商业模式的用户土壤，他一再强调：

"平心而论，做拼多多这个东西一大半靠运气，不是靠一个团队纯努力与经验就能搞出来的，这源于深层次的底层力量推动…我们是上面开花的人，你做什么就会有爆炸式的增长，这是大势推动的，单凭个人和一个小团队的力量是绝对做不到的。"

拼多多很清晰地明白其核心目标消费者是中小城市、县城、乡镇与农村的数亿人口，并创造性的采用"拼"有趣互动的方式吸引消费者拼团拼价购买极具性价比的商品。

通过对拼多多的快速上市成功原因的分析，我们可以看到拼多多的成功有其必然的原因，就是站在巨人肩膀上，获得资金、流量、商业模式以及巨量商户群等，这个战略值得创新企业和正在创业的创始人借鉴。

14.2　拥抱创新：独角兽的发展战略

独角兽作为一种独具特色发展规模的企业，带来了新生态、新经济和新资本市场。因此，分析和研究独角兽的发展战略对企业来说非常有好处。

14.2.1　独角兽战略模式

"独角兽"概念最早由美国著名投资者 Aileen Lee 提出，定义为全球成立不超过 10 年但估值迅速增长超过 10 亿美元的新生态企业。随着时代的发展，独角兽数量已经逐渐成为衡量一个国家和地区经济活跃程度的重要指标。

CB Insight 提供的数据显示，截止到 2018 年 12 月 31 日，全球独角兽总数达到 313 家。其中，中国独角兽全球估值第一，平均估值高达 59.6 亿美元，约为其余国家和地区平均估值的 2 倍。

独角兽之所以能够获得巨大的资本追捧，引领行业新趋势，快速超越老牌互联网企业，主要得益于其自身所特有的纵深据点和纵深战略，具体如图 14-2 所示。

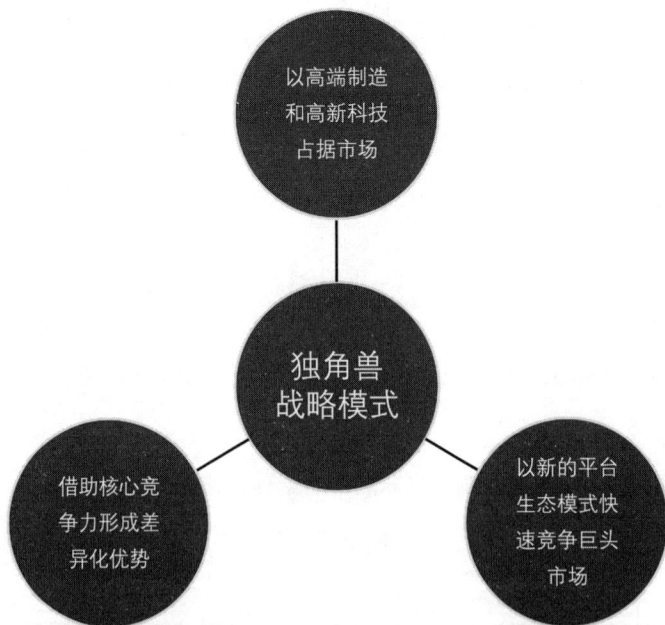

图 14-2　独角兽战略模式

14.2.2　字节跳动：个性化战略模式

我们分析字节跳动的发展之路，可以看出它使用纵深据点战略快速孵化着独角兽和潜力独角兽。字节跳动成立于 2012 年 3 月，是最早把人工智能技术大规模应用于信息分发的企业之一。可以说，人工智能技术是字节跳动的核心据点。

2015 年，字节跳动确立纵深据点—新技术，并进行全球化布局；2016 年，字节跳动成立实验室，旨在针对人工智能技术相关领域的长期性和开放性问题进行探索，实现自己对未来发展的构想，进一步将纵深据点建立牢固。

随后，字节跳动基于新技术据点建立了一个"超级 App 工厂"，并在图文、视频、问答、图片等领域连续发力，产品矩阵更是囊括今日头条、抖音、西瓜视频等。

字节跳动基于人工智能技术建立的短视频平台抖音，注册用户早就已经上亿；字节跳动基于数据挖掘技术建立的个性化推荐引擎平台今日头条，为用户智能推荐个性化信息，开创了一种全新的新闻阅读模式。

2018 年 12 月，字节跳动最新估值达到 750 亿美金，成为世界上最大的"独角兽"，超过了此前世界上最大独角兽、美国大型拼车服务公司优步科技 720 亿美元的估值。截至 2019 年 1 月，字节跳动旗下全线产品 DAU 超过 6 亿，MAU 超过 10 亿。

凭借新技术的纵深据点、产品矩阵以及技术出海全球发展战略，字节跳动一跃成为世界上最大的独角兽，其业务已覆盖超过 150 个国家和地区、涉及 75 个语种。此外，字节跳动在生态模式、巨头竞争等方面也采取了独角兽特有的差异化战略。

14.2.3　阿里巴巴：兼收与并购下的扩张

美国著名经济学家乔治·斯蒂格勒说："通过并购其他竞争对手成为巨型公司是现代公司成长的规律。"对于资金实力雄厚的巨头来说，兼并与收购是实现扩张与提升市场占有率的一种战略，其优势如图 14-3 所示：

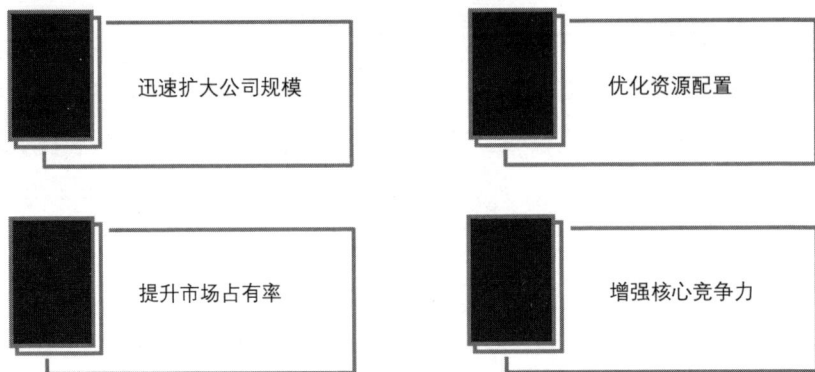

图 14-3　兼并与收购的优势

1999 年年初，马云和最初的创业团队筹集了 50 万元，在杭州创建了阿里巴巴。虽然当时阿里巴巴的规模非常小，但依然靠着过硬的实力逐渐有了一些名气。

一段时间以后，阿里巴巴的钱用完了，马云便开始频繁接触投资者，但是宁缺毋滥，尽管资金短缺，他依然拒绝了 30 多个投资者。对此，马云表示，他希望阿里巴巴的投资者不仅为阿里巴巴带来钱，还应当提供更多的资源。

然后，马云通过阿里巴巴 CFO 蔡崇信的关系接触到了高盛等投资银行，以高盛为主的一批投资银行决定向阿里巴巴投资 500 万美元，这笔天使投资让阿里巴巴暂时渡过了难关。随后，更多的投资者注意到了马云和阿里巴巴。

2004 年，阿里巴巴成为行业龙头老大，并获得软银第二次注入的 8 000 多万美元资金，人们以为阿里巴巴会上市，但马云还是认为上市最好的时机依旧没有到来，他将完善阿里巴巴、提高客户服务水平作为当前工作的重点。

2005 年，阿里巴巴将雅虎中国收购，同时获得雅虎 10 亿美元注资，人们认为马云收购雅虎中国的目的就是为了阿里巴巴上市做准备，然而他再一次否定了人们的猜测。

阿里巴巴想要做一个 100 年的大企业，而如今才走过了几年，还比较年轻，如果贸然上市，可能会因为年轻而付出代价。此外，马云还考虑到阿里巴巴当前的业务不够大，算不上是一家大企业，还有很广阔的发展空间，危机和挑战也同时存在。

2006 年 10 月，阿里巴巴花费近 600 万美元收购了口碑网；

2007 年，其市场占有率越来越大，信息流、物流、资金流都有了很大发展，为了获得电子商务的长远发展，马云决定上市，此次上市，也拉开了阿里巴巴在全球范围内扩张的序幕。

2009 年 9 月，阿里巴巴花费 5.4 亿元收购中国万网 85% 服务，自此，阿里巴巴开始涉及域名、主机服务、网站建设等领域。

2010 年，阿里巴巴收购汇通快递 70% 股份。

2012 年，阿里巴巴收购美团网和丁丁网。

2013 年，阿里巴巴收购虾米网、新浪微博 18% 的股份，以及天弘基金 51% 的股份。

2014 年阿里巴巴收购中信 54.33% 的股份，以及高德。

2018 年，阿里巴巴全资收购中国唯一的自主嵌入式 CPU IP Core 公司中天微，之后还收购了饿了么。

2019 年 3 月，阿里巴巴收购以色列公司 InfinityAR，以及英国跨境支付公司 WorldFirs。

通过阿里巴巴的发展历程，可以发现其对兼并与收购的模式运用可谓淋漓尽致。这么一条漫长的道路，使得如今的阿里巴巴成为中国名副其实的最大的电商公司。可以预见，阿里巴巴将在这条兼并收购扩张的路上继续在全球化市场前进。